手作り工作の本

山崎俊男

機械化・自動化の時代でも

物作りの原点は手

読んで学ぶ本ではダメ
手がかりの本・利用する本へ

湘南社

手作り工作の本

文・イラスト／山崎俊男

とりあえず作ってみよう
成功・失敗半々でも

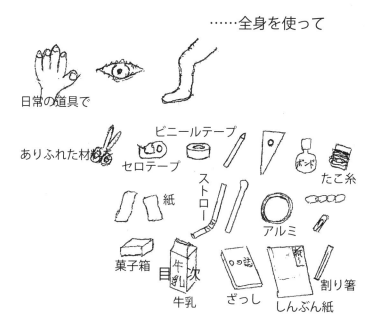

おもしろいテーマをさがして、目を通して下さい。そして、作りながら読んで下さい。

　どちらかといえば始めの方はやさしく作れます。後半以後は、むずかしいものが多いかもしれません。

はじめに　……読んだら→手を使おう……6

第 1 章　軽い運動にもなる工作……10

第 2 章　捨てないで、おもしろいものが作れる
　　　　　　　　　　　　簡単な物から……。……14

第 3 章　ちょっとした手品・奇術など……18

第 4 章　とばす・投げる……無限の工夫あり……22

第 5 章　きれいな "かざり" など……26

第 6 章　武器まがい（刀・ピストル・弓矢等）……30

第 7 章　作ってあそぶ・遊んで工夫　その1
　　　　　サイコロ式……古典的な物の見なおし……34

第 8 章　作ってあそぶ・遊んで工夫　その2
　　　　　堅苦しさを捨ててみよう……38

第 9 章　コマ　単純に見えるけど？　その1
　　　　　サイコロ式……古典的な物の見なおし……42

第10章　コマ　その2　復元力のあるコマ他傾いても、
　　　　　　　　　元にもどる　　→　　……46

第11章　人間は知識泥棒、物を作るのは、
　　　　　　　　　　　知識泥棒だけではダメ……50

第 12 章　回転　ごく初歩から・基本から……*52*

第 13 章　まわす　やさしい物から……*58*

第 14 章　まわす物　意外な物　コマに似た物等……*62*

第 15 章　ブンブンコマ式の物など……*66*

第 16 章　ブンブンコマのいろいろ……*70*

第 17 章　ストローによる工作　簡単な物から……*76*

第 18 章　光と音……*82*

第 19 章　かざりもの……身につけるもの……*86*

第 20 章　スポンジ工作……*88*

第 21 章　多面体など、立体造形の工夫……*92*

第 22 章　小さい物に挑戦……*96*

第 23 章　水を使った物

　　　　　まず、きれいな物、不思議な物を！……*100*

第 24 章　立体パズル式四文字熟語・仲間

　　　　　　　　　　　　　の漢字集めなど……*102*

第 25 章　面倒だが、やってみるか！……*104*

第 26 章　吹いて楽しむ作品……*112*

第 27 章　優等生では気づかぬ工作……*114*

第 28 章　自然・野外の物を利用して……*120*

第 29 章　雑感　日常生活での応用・利用など……*122*

おわりの章……*124*

はじめに……読んだら→手を使おう

　ものを作るには、道具と材料。そして人の手。
　玄人（くろうと）は、道具や材料を "吟味" する。自分の腕に自信があれば、どうしてもこうなる。
　ところが素人（しろうと）が、見栄をはって、玄人のまねをしようと、道具や材料にこだわりやすい。これは大体ムダになる。道具や材料が、ほこりをかぶることになったり……。
　楽しい手作り工作は、ごく簡単なことからのんびり・ボツボツと始めよう。
〔道具〕はさみ・ホチキス・セロテープ・輪ゴム。さらに、ビニールテープ。両面テープ・カッター。
　そして、一般の家庭にはないかも知れないが、ラジオペンチ ✂ があれば、申し分なし。
　また、道具にもなる材料としては、ビニール袋・輪ゴムが大切。
　（注）買うのは、ホームセンター・100円ショップ
　また、物指しは、子どもが使う30cmのもの。三角定規もあるにこしたことはないが……。
〔付記〕道具は、手で使うもの。自分の手で使いこなせない物にこだわるのはナンセンス。また、洗たくばさみなど、臨機応変に使うことも忘れないで……。

さらに、道具か材料かというと、接着剤だ。一般的には、のり・ボンド・セメダイン・瞬間接着剤など……。しかし、沢山用意しすぎてもムダになりやすい（古いものはダメ）。昔は、のりがない時は、御飯つぶを利用した。これに学ぼう！

　なお、いろいろやってみるとほしくなる物もある。例えば、ピンセット（医療用をちょいと利用）、ドライバー（＋、－大小あり）、きり（穴あけ）。とはいえ、キリなど、コンパス流用。場合によれば、鉛筆でも。

●下手な奴ほど、道具にこだわる。

〔材料〕道具の場合と同じセンスが大切。高価な材料など不要。家にある物を利用。また100円ショップなど、おもしろいものが沢山ある。

　古典的な物としては、厚紙（ボール紙）・画用紙・折り紙・竹ひご……。しかし、現代は、わざわざ買わなくてもよい場合が多い。

　厚紙→空き箱。画用紙→雑誌の表紙。折り紙（色紙）→雑誌（ことにカタログ紙）。竹ひご→焼きとりの串。

　以上他にもいらない紙がいくらでもある。さらに不要品である牛乳パック・食品などの容器等。また、テープの芯・アルミはくやラップの芯。いまの日本は、不要品・廃品など、捨てきれないものばかり。これらを利用する、つまり工夫である。

なお、先に述べた、輪ゴム・ビニール袋（大中小）・たこ糸（料理用）・ゴムひも（各種）・ゼムクリップ……。ゴミの中に何かある。机の引き出しに眠っているものを。台所の隅から。この気持ちが大切。

　では、簡単で楽しいものを２例紹介

ⓐいけ花みたいな木（植木まがい・ごちそう）

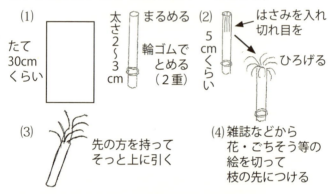

(5) アルミはくの芯・空き箱等で花びんを代用

ⓑストローを吹いて、クルクルまわす

(1) 太めでジャバラのあるストロー　２本
　　少し細いストロー　１本

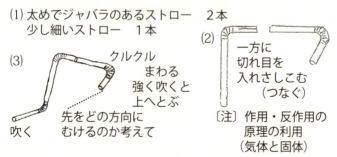

〔注〕作用・反作用の原理の利用（気体と固体）

第1章　軽い運動にもなる工作

　工作的作業は、座りっぱなしの傾向があるので、腰痛の人は要注意。また肩もこったりする。そこで時々、少し体を動かした方がよい。

ⓐ 吹き矢　遠くへとばして、足を使おう
　　少し太めのストロー
　　その中に入るストロー
　　的を作るなど……
　　　　（鬼たいじ）

ⓑ アルミはくの芯が発射台。紙の棒をとばす

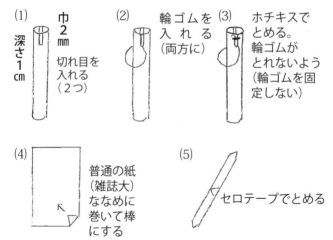

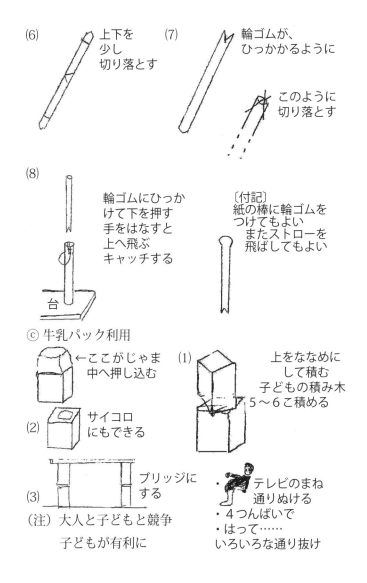

次に、ごく一般的なこととして「ストレス発散」が考えられる。例えば、雑誌などでテーブルをたたく、台所で皿を割る……。しかし、これらは、あまり"ほめられた"ことではない。工作としては、"振りまわす"のがよい。そこで、簡単な物を考えてみる。また、スポーツの砲丸投げのように振りまわして投げるのもよい。そしてさらに、受け取る……。

ⓓ アルミはくの玉利用

(1) ジャバラつきストロー　　(2) アルミはくをコブに
　　（太め）　　　　　　　　　　からめる

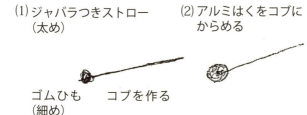

ゴムひも　　コブを作る
（細め）

(3)　　　　　　　　　　　　(4) 持って、振りまわす
　　　　　　　　　　　　　　　（ゴムが延びる）

ゴムひもを通す　ホチキス等でとめる

まわすと、遠心力でゴムひもがのびる。そうなると遠心力が大きくなり、さらにのびる

ⓔ ⓓを一歩進めて、大きい物を
(1) ビニール袋（ゴミ捨て用）　　(2) あとは大体ⓓ
　　不要な紙をグシャグシャに　　　　と同様
　　まるめ中に入れる　　　　　　　大きいとスリル
　　　　　　　　　　　　　　　　　がある

ⓕ 小さい子ども用には、　　(1) ▭ 丸める
　　ペーパータオルを使う　　(2) ▭ 2つに
　　　　　　　　　　　　　　　　　折る
　　　　　　　　　　　　テープをまく

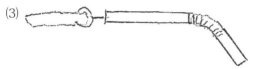

(3)
　　細長く作る　│軽いが、長いので、意外に
　　　　　　　　│遠心力が生じる

（付記）小さい子どもの場合、投げて拾いに行く・受取
　　　　る……。つまり、作る活動の延長で運動するこ
　　　　とが有益。

・・・・・・・・・・・・・・・・・・・・・・・・・・・・・・

　文明化した国では、ストレスは、あらゆるトラブルの
引き金になる。いじめ・暴力・万引き……。工作が万能
ではないにしても、ストレス蓄積防止に役立つことは、
間違いない。

第2章 捨てないで、おもしろいものが作れる
　　　　　　　　　　　　　簡単な物から……。

　現代の日本の社会は、捨てる物が多すぎる。そこで、捨てる前に、利用できるものはないか考えたい。何でも買うのではなく、身のまわりを、あらためて見つめなおしてはどうか？

ⓐスティックシュガーの袋……吹いてとばす。輪ゴムでとばす。

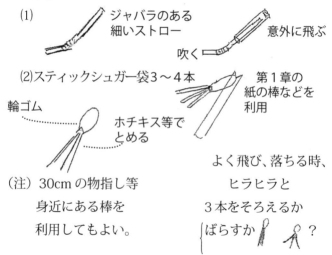

(応用) このやり方で、いろいろな物が飛ばせる。
　　　　ただし、堅すぎて重い物は危険。

ⓑ ヨーグルト等のカップ利用……2つ必要

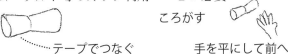
　　　……テープでつなぐ　　　ころがす
　　　　　　　　　　　　　　　手を平にして前へ

ほうり投げても、うまくころがらない。
板を坂にして、ころがすのも、おもしろい。
（堅い本、お盆等）
（注）2つ作って、衝突させるのもよいかも？

ⓒ 紙コップとばし（2こ）……ちょっとした
　　　　　　　　　　　　　　　　アイディア

(1) 4か所に切れめ

(2) 輪ゴムを、十文字に
　　ひっかける　　　　　　　　　　上から見ると

(3) ホチキスで、輪ゴムが
　　とれないようにとめる　　　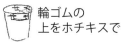　輪ゴムの
　　　　　　　　　　　　　　　　　　　　上をホチキスで

(4)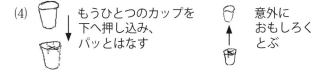

（応用）アルミはくの玉を入れてとばす。3〜4こ作り、
　　　　沢山同時にとばす、色をぬりきれいに……。

ⓓ 紙コップ・ヨーグルトカップ等のけん玉

ひもをつけ、ひもにこぶを作る。アルミはくなどの玉をつける。いろいろのもので作れる

深い紙の皿などもよい

皿の場合　　2枚で、両面式など……

ⓔ  コーヒーミルク等の小さい容器（3cm）を使う。上下2つ必要……

(1) コマ　底を押して、底をとがらす

→ とがらした方を下にしてコマにする

(2) 厚紙を中にはさみこんで、ホチキスで止める
軽いが、意外によくまわるけれど、アンバランスで、ガタガタすることもある。この場合ビニールテープを2～3cmに切り、はりつけてみる。場所を変え、よくまわる所を探す

どこがよいか？

コマのバランスのとり方は、重りをつける・反対に少し切りとり軽くするなど、工夫が大切。「作ってみたがダメだった」ではなく改良を！

ⓕ コンデンスミルクの容器の皿まわし（厚紙）

コマと同様に皿にする。下から鉛筆などを軸にしてまわす

……ここをまわす

まわったら、しばらく手を停止。まわりつづける。止まりそうになったら、またまわす。……「エンドレス」のおもちゃ

（付記）　四隅にゼムクリップをつけるとおもしろい。ゼムクリップが図のように拡がる（遠心力による）。

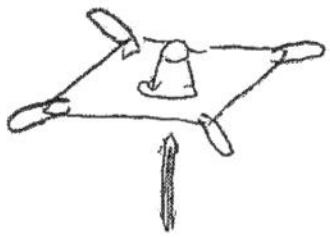

ⓖ ジャム容器（ひとつでも、2つでも）
給食などによく使う容器1人分用

(1) 穴をあける、太いストローが通るように

(2) 輪ゴムをつける
ホチキス等で

(3) ここを下へさげ、パッとはなす　上へ飛ぶ

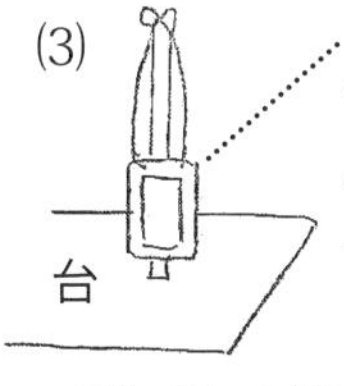

（付記）
容器を両面につけてもよい。

輪ゴムの強さ・ストローの長さ・容器の重さ等いろいろ改良して

17

第3章　ちょっとした手品・奇術など

　手作りのものは、"当たり前"が大切。理屈に合っているからおもしろい。しかし"不思議""奇抜"もあってよい。「種あかしなし」もまた楽しい。

ⓐ 鼻で花を咲かせよう

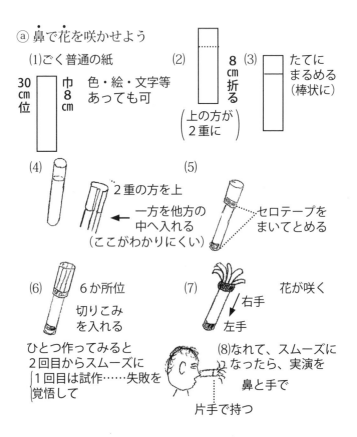

ⓑ ビニール板……材料の吟味が必要。ただし、作るのは、ごく簡単。

(1) 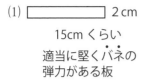　　(2)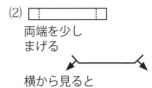

(3) 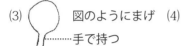　　(4)

(注) どうしてよく飛ぶのか
　　　不思議

　(付記) 一方の面に"吉"。他の面に"凶"など書いて、占いにしてもおもしろい。なお、斜めに飛ばすと、少し遠くへ飛ぶ。

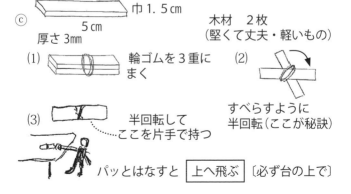

（付記）なぜ台がいるのか？

　人間は、とび上がる時、地面を「けって」とび上がっている。鉄棒にぶらさがり足をけってもムダ。これと同様と考えてよい。つまり、作用・反作用の法則がここでも生きている。意外な所に力学の法則あり。

くうをけるのはダメ

ⓓ ブーメランまがい。ブーメランそのものは作るのがむずかしい。そこで、厚紙で図のようなものを作る。一枚15cm、3cmの長方形3枚。

120°　120°　中心を
　120°　　　ホチキスで

厚紙はあまり厚くなく
堅くて軽い物を

とばし方　回転させるよう
に斜上（ななめうえ）へとばす

足元にもどる

なぜ元にもどるのか？
｛回転しているものは、
　回転軸方向を変えようとしない。
（この場合、軸はないが）

(付記) 一般にコマは、回転軸を変えようとしない。この原理は、コマが高速で回転している場合に通用すると考えるべきだ。を投げる場合、まわすのが下手だと、ヒラヒラ落ちる。つまりコツがいるといってよい。

ⓔ コマにもようをつける

これをまわす。回転がおそくなると、もようの回転がおそくなる→一時止まる→反対にまわる、ということも起こる。ただし、昼間はダメ。夜の場合、光源が、電球・旧式蛍光灯に限る。おもしろい現象だ。
電池によるライトやインバーターの蛍光灯ではダメ。最近では、この実験は不可能になってきた。昔のレコードプレイヤーは、この原理で、回転速度を調整していた。

〔教訓〕物理学等は、教科書や先生から学ぶのが普通。しかし道具や材料もまた"教師"になる。

第4章　とばす・投げる……無限の工夫あり

　動物は、物を投げることは少ない。サルの仲間は物を投げる。動物園では、ゴリラがおこって、ふんを投げることがあるらしい。人間の子どもは物を投げたがる。大人も球技には人気が集まる。とばすおもちゃは、一番人気といえる。

　しかし、やたら物を投げるのは、「禁止」というのも現実だ。投げるおもちゃは低級なもの、という考えも強い。投げたりせず、静かにいじる。これが上品な遊びと決めつけたくなる。

　でも待った。運動会の"玉入れ"はどうなの？あれをまねる遊びもあってよい。もちろん"輪投げ"という遊びもある。結局、

　●投げるおもちゃ作りも、大いに奨励したい。

　　また、飛んでいくといってもヒラヒラ飛ぶなど、美術的に見ても、大変興味をそそる物も作れる。

　物をとばすには、力がいる。力の出どころに輪ゴムを利用するのが便利。手近で安価、扱いやすい……。そしてもうひとつの長所は、つないで長くすることが可能。

　（無限に長く）。

ⓐ 輪ゴムをつけてとばす。棒も必要

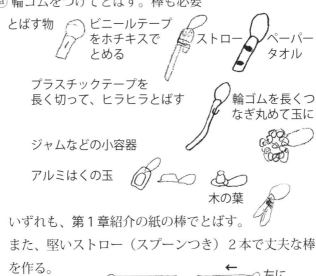

いずれも、第1章紹介の紙の棒でとばす。
また、堅いストロー（スプーンつき）2本で丈夫な棒を作る。
（応用範囲が広い）　　　　　　切れ目　さしこむ

ⓑ 棒の方に輪ゴムをつける

一般に飛ぶ物に輪ゴムがないと、飛び方が安定する。

次は、振りまわして投げとばす。スポーツでは砲丸投げ、円盤投げなど。また、ソフトボールの下手投げ投球も、まわすように投げている。

　さらに、幼児は、物を下に"たたきつける"ように投げる傾向（投げ捨て）。これを逆にすると、上へ投げることになる。そこで、そのへんの工夫をしてみよう。すでに紹介ずみ（第1章）だが、ボール・輪投げのリングなどに、ひもつける工夫も、おもしろい。

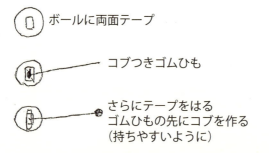

　要するに、ゴムひもをどうつけるのか、工夫したい。例えば、太めのひもを何回も結んで
大きなコブにする。これを重りにするなど……。
つまり、少し柔らかい玉状のものを作る工夫である。
基本は　　　　　第1章の図を参照。
　なお、堅い物は、ペーパータオルでくるむなど危険防止の工夫も大切。

ゴムひも・輪ゴムなどを使わないで、投げる・振りまわすことも考えよう。

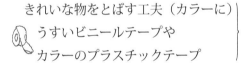

グシャグシャにつぶす（細く）

３つ編みのひもにする。（50cm）
このひもを結ぶ　　何回も結ぶ

　こうすれば、振りまわす・とばすに最適になる。ただしあまりきつく作らないこと。きつく作り、堅くなると、危険になる。丈夫に作ることは、時には、マイナスになることもある。

第5章　きれいな"かざり"など

　一般には、きれいな色紙で作る。これの欠点は、日数がたつと色あせる。もちろん屋外では紙の物はダメだ。

　そこで、プラスチック系のカラーテープを使うのがよい。文房具屋・100円ショップなどに、多種多様あり。こうしたテープは、キラキラ光るし、色あせがない。また水にも強い。

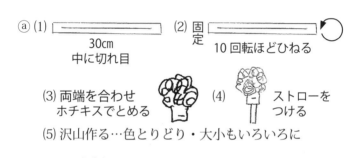

ⓐ (1) 30cm 中に切れ目　(2) 固定　10回転ほどひねる

(3) 両端を合わせホチキスでとめる　(4) ストローをつける

(5) 沢山作る…色とりどり・大小もいろいろに

(6) カップの底にねん土を入れてさす

ⓑ 3つ編みから

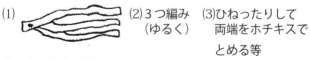

(1) ホチキスでとめる　(2) 3つ編み（ゆるく）　(3) ひねったりして両端をホチキスでとめる等

　あとは、ⓐと同様に。3色で編んでみる。

針金の利用。鉄・アルミ・真(しん)ちゅうなど。最近は、鉄にもメッキがしてあり、さびにくい。アルミは、カラーのがあり、これが使いやすい。鉄は、はさみで切れない。アルミは、はさみで簡単に切れる。真(しん)ちゅうも何とかはさみで切れる。

　着色には、ペイントマーカーがきれい。

　針金は、切り口で怪我しやすい。できたら最後に端を丸めることを忘れないように（ラジオペンチなどで）。

ⓒ 単純に　　　　　　　　　　　　竹ひごなどにまき、コイルにする

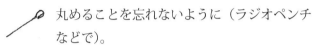

　２色よじって　さらに４色

さらに、虫の型・いすの型・動物……

　着色は、前もってしてもよいし、後からでもよい。できた物は、ふろの中のおもちゃ・金魚鉢の中へ入れる。また、文字も作れる。名前を作り、表札に。実用的なものとしては、物干し竿にまいて、風による横すべりを防ぐのにも利用。

ⓓ ストローの利用。透明なストローの中や外に、

・カラーのプラスチックテープを3・4色

細く切り、
よじった物を中へ

細いテープを
らせんにまく

これらを
材料に

・カラーのストロー

……3つのきれ目　3つ編みにする
ホチキスでとめる

両端を残し、4つの切れ目、
これをひねる・くぐらせる等……
奇怪な形が作れるかも……

ストローをななめに切っていく。

ブラブラ　　　リングに　（コイルになる）

その他　→　玉状に　｛ いっぱい 工夫して！

沢山作り、ビニール袋に入れるのもよい

（付記）昔は、堅い材料は……鉄・木。やわらかい材料は……紙・布。このように、固定化していた。しかし現代では、中間の堅さの物をうまく使うとよい。材料についての固定観念を捨てよう！

ⓔ ペットボトルの利用

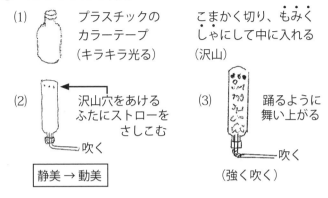

ちょっとした加減で動きが、いろいろに

さらに、こまかいテープでなく、丸っこいテープを2つほど入れる（いろいろ工夫）。

・巾2cm長さ10cmのテープ、輪にしてホッチキスでとめる。 吹くと、よく踊り上がる。

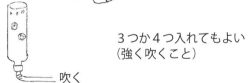

3つか4つ入れてもよい
（強く吹くこと）

（欠点）人の息は水蒸気が多い。吹いていると、ペットボトルが曇ってくる。上の方の穴を大きく沢山にすることが必要。時々換気をすることも大切。

第6章　武器まがい（刀・ピストル・弓矢等）

　男の子は、昔から"チャンバラ"が好き。今は漫画・アニメの影響も強い。刀式（かたなしき）の物を腰につけると、"はしゃぐ"悪ガキも結構いる。女の子でも、おひな様の刀として積極的に作る子もいる。

　しかし、こうした武器まがいの物は、あまりしっかりした物を作っても危険。この点を考慮して、木よりストローをすすめる。ピストルの玉も、紙など、柔かい材料を工夫する方がよい。

ⓐ 刀……ストロー（中と太）・ゴムひも・
　（鞘（さや）は太いストロー）

(1) ストローをはさみの刃のない方
　　でしごく……平べったくする

(2) ペイントマーカーで銀に（銀テープでも可）

(3)  先はとがらす。鍔（つば）をつける

(4)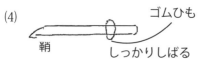

ⓑ ピストルまがい……ストロー・わり箸等で

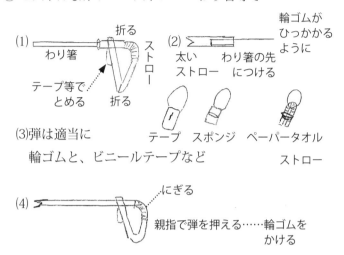

本当のピストルのように
ねらいを定めて、親指をはなす

ⓒ 昔からあるのは、割り箸ピストル。しかし、これは、いかにもかっこうが悪い。そこで、厚紙と洗たくばさみを利用した物を。

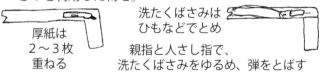

工夫すれば いろいろ可能。ただし、面倒で作りにくいことになるかも？

ⓓ 型はピストルらしい……作るのも簡単。ただし発射がやりにくい

輪ゴムを親指でこするよう、上にあげる 急いでやると、うまくいかないが……

ⓔ 弓矢……弓は少しにせもの

・さじつき太いストロー2本
・輪ゴム2本

(1) 切れ目　さしこむ

(2) 両端切れ目

(3) 輪ゴム2つをつないで

これで、一応完成。矢は　ビニールテープ　少し細いストロー

しかし、指の使い方がむずかしい。そこで追加

厚紙　折る　三角柱に　輪ゴム等でつける

小学校低学年・幼児などは、この方式で

なお、矢の先は危険のないよう工夫が大切

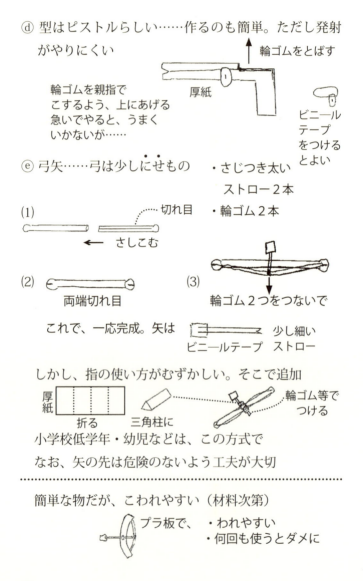

簡単な物だが、こわれやすい（材料次第）

プラ板で、
・われやすい
・何回も使うとダメに

さらに、弓ではないが、弓と同じ考え方の物

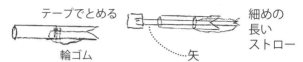

（注）あまり無理な工夫は、マイナス　面倒・使いにくい・こわれやすい・おもしろさが不足……。

ⓕ 時限式の工夫……吸盤を使う

　吸盤とは、つるつるした物なら、吸いついて離れない。この発想を少し転換したい。

・10〜20秒で離れるよう（時限装置）

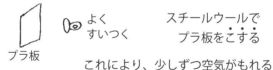

これにより、少しずつ空気がもれる

そのひとつの例を

内側に一方はプラ板
他方は輪ゴムをつけた吸盤

これは、実際に作ってみると、時限爆発的"ボン"と音を立てて離れてしまう。時間調整も、いろいろと工夫して。

第7章　作って遊ぶ・遊んで工夫　その1
　　サイコロ式……古典的な物の見なおし

　サイコロは、昔はばくちに使われた。子どもの遊びでは、すごろく。しかし、利用の方法は、あまりにも単純だ。……そこで、立方体作りから。

厚紙5cm　　　　　　　　　セロテープなどで
角を1cmほど　　　　　　　立方体を作る
ななめに切りおとす　　　　（よくころがる）

ⓐ グー・チョキ・パーのサイコロ（2つずつ）

　　　絵・カタカナ・ひらがな・漢字　　　　　　左手で
　　　これで、ジャンケン　　　　　　　　　　　右手で
　これは、ひとりジャンケンができる　　　　　　グー
　いろいろ、変化をつけてもよい

　　　　　　　　　　　　　　例　4つパー
　　　　　　　　　　　　　　　　ひとつずつ
　　　　　　　　　　　　　　　　チョキ・グー

ⓑ 複雑にする 🖐️✊✋○✕□ 他にもいろいろ
　　○は全勝、✕は全敗　いろいろ工夫

ⓒ 奇数サイコロ　偶数サイコロ　2種類
　　1, 3, 5, 7, 9, 11　　2, 4, 6, 8, 10, 12
　　いろいろ変化つける……例　0, 4, 6, 8, 10, 12

ⓓ 乱れた数のサイコロ　　　　　1, 1, 2, 3, 4, 5
　どれが有利か、不利か？　　　0, 3, 5, 5, 6, 6
　　　　　　　　　　　　　　　0, 0, 4, 5, 9, 10

　数学でいう確率・期待値・統計などの問題になる。おもしろい反面、結構むずかしい。
　「遊び→学習、学習→遊び」の典型といえる。

....

　立方体でないサイコロ式の物も、いろいろある。作って、研究してみよう。

ⓔ 正三角すい（正四面体）　　1～4の数をかく

　正三角形　　　4面で　　かくれた数を
　　　　　角を5mmく　　作る　　　サイコロの数に
　　　　　らいおとす

5cm

　このサイコロ2つは、同時に投げた場合、あいこになる確率が、普通のサイコロより高くなる。数学的には、おもしろい現象となる。また、いろいろな数をかいたり、グー・チョキ・パーをかくなど、工夫してみるとよい。

ⓕ 正八面体のサイコロ

 正三角形8枚で　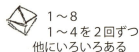 1～8
グー・チョキ・パー・○など　　　　1～4を2回ずつ
　　　　　　　　　　　　　　　　　他にいろいろある

また、2つに、食べ物とつける物を書く
{ご飯・パン・納豆・コロッケ・やきいも・
ホットケーキ・ゆで玉子・キャベツ}　この2つの
　　　　　　　　　　　　　　　　　サイコロを
{塩・しょうゆ・ソース・ジャム・お酢・　投げる
マヨネーズ・ケチャップ・バター}
果して、食べられるか？　ばかげているけれど

虫とえさ、県と特産品、動物の足の数……
（工作と生活・さらに遊び・ことばのクイズ等）

ⓖ 正十二面体（正五角形12枚）

　これをもとに　　　1～12のサイコロ
　　　　正五角形をかく　2つ作る
　　　　それを型紙に12枚

2つを同時に投げる。2つの数をかけ算すると、
1～144まで、途中にはない数も多い｜例 13
　　　　　　　　　　　　　　　　　　素数
前のⓕと同様、ことばを記入してもよい

36

ⓗ正二十面体（正三角形20枚）

　　　　　　　　　1枚　輪にする　　　　　輪の上下に
　　　　　　　　2枚かさのように　　　　　かさを
　　　　　　　　　　　　　　　　　　　　かぶせる

　数字の記入、花と虫、人物と歴史（時代）……
計算やクイズなどいろいろ工夫するとおもしろい
二十面体と十二面体は、工夫の泉といえる

ⓘ正方形18枚で

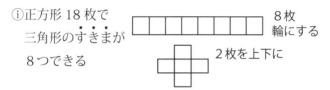

　　　　　　　　　　　　　　　　　　　　8枚
　三角形のすきまが　　　　　　　　　　　輪にする
　8つできる　　　　　　　　　2枚を上下に

　数学的な表現では、正方形と正三角形の複合正多面体
になる。ただし、正三角形は紙なし。

ⓙサッカーボール式
$\begin{pmatrix}正五角形と正六角形の\\複合正多面体\end{pmatrix}$　　正五角形？枚
　　　　　　　　　　　　　　正六角形？枚
　　　　　　　　　　　　　　作っていけば、何枚ずつ
　　　　　　　　　　　　　　いるか、自然にわかる

••

　「わかった作ってみよう」これもよいが、「作ってみたら、なるほど」も、大変おもしろい。

第8章　作って遊ぶ・遊んで工夫する　その2
堅苦しさを捨ててみよう

何といっても、"驚かす"が、手っとり速い。

ⓐ ごみ袋　輪ゴムをつなぐ1m　ゼムクリップ

少し重く、大きく、ねん土・紙くずなどビニール袋に入れる
小玉西瓜ぐらい。

引っぱる　しっかり持つ

…はなす

持っている人のおなかのあたりへドスンとくる

（注）小さい子どもとやる時は、大人や大きい子どもが、ゼムクリップを持つ。

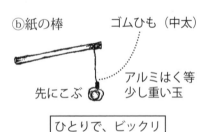

ⓑ 紙の棒　ゴムひも（中太）
先にこぶ　アルミはく等 少し重い玉

玉をはなす

前にとび、自分の方へもどってくる

ひとりで、ビックリ

ほかにも、いろいろとおどろかす物は沢山ある
適当に手加減して、楽しく使おう

びっくりではないが、「不思議な感覚」というのもある
（力学的には、おもしろいことだが）

ⓒ ⓐと同様に

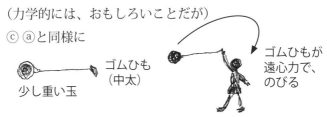

勢よくまわして手をゆるめると → 手がふりまわされる感じがする

理屈よりも、やってみて！

ⓓ 輪ゴムリレー

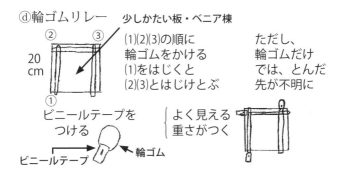

（付記）リレーとは、体育で使うことば。しかし電気などの場合も使う（鉄道のシグナル）

・もし、高速度カメラでとると、次々と輪ゴムがはじけていくのが見えるはず。

ちょっとしたことで、うまくいったり、ダメだったり。
動く物の意外性や不思議を感じよう。

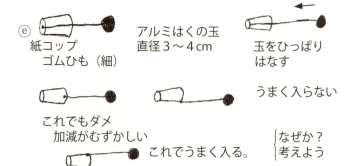

ⓔ　紙コップ　ゴムひも（細）　アルミはくの玉 直径3〜4cm　玉をひっぱりはなす

これでもダメ　加減がむずかしい　これでうまく入る。　うまく入らない　なぜか？考えよう

昔からある輪ゴムを<u>手だけ</u>でとばすピストル式は、

ちょっとやりにくい。また輪ゴムが当ると、
存外痛い。そこで、飛ばし方の工夫を。

ⓕ　紙をグチャグチャにまるめ、テープ等で形をととのえる　　輪ゴムを3・4こつないで長くする　　左手でひっぱってはなす　右手

◎左手
パッと
はなす　　右手
（ちょっとしたコツ）

左手をはなすと
・・
同時に

指に当たり<u>痛い</u>
（これではどうも困る）

右手は<u>ななめ下</u>へ

40

次は、たたいてとばす。衝撃をあたえ、輪ゴムがはずれて、玉がとぶ。つまり意外なおもしろさ。

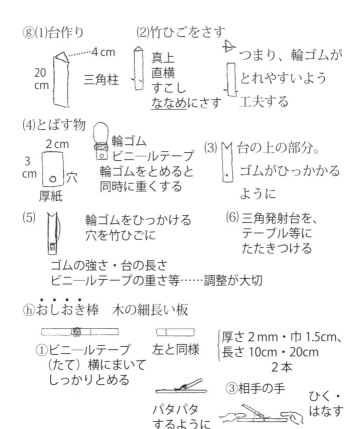

第9章　コマ　単純に見えるけど？　その1

　コマは中心が狂っていてはダメ。しかし、少しの狂いは、作ってからでも調整可能。

- ・重さのバランス
- ・大きさのバランス
- ・軸の先が　ゆがんでいる
- ・材料の質が均一でない（紙類、針金……）

なぜ、よくまわらないか迷うことが多い。

　要するに、ちょっとしたことで、バランスがとれなくなる。そこで、理屈に走らず、「作ってみる」「改良してみる」など、実行が<u>先</u>で考えるは<u>後</u>に。

ⓐ簡単できれいにできるコマ……厚紙・太いストロー・竹ひご（ようじ）

⑴ストロー4〜6cm

厚紙　正方形

6〜10cm

⑵

ストローをホチキスでとめる

<u>はさみ</u>をとじて、ミネの方で、<u>両端</u>をしごく。

中は丸のまま

⑶穴をあけ軸（竹ひご）をさす（ななめでは不可）

⑷着色をいろいろ工夫して

コマは危険がいっぱい。作る時キリを使うので左手があぶない。手をついたり、足でふんだりする時、軸がさ<u>さる</u>。足の<u>ふみ抜き</u>など大けがに。

そこで、少し安全な細い堅いストローを

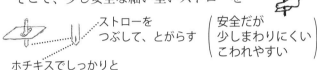

ホチキスでしっかりと

バランスのとり方……アンバランスの時、

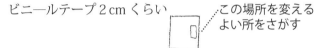

また、ゼムクリップをつける、少し切りとる等。

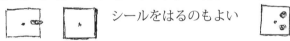

ⓑ両手でまわすコマ。片手の指でまわすコマは、幼児には無理。両手を<u>すり合わせる</u>コマがよい。

厚紙2枚重ね。軸は長く（10cm位）する。

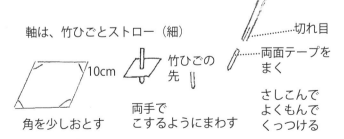

（付記）大きな堅い表紙の本の上でまわす。

　　坂道でまわす　……両はじを少しまげて
　　　　　　　　　　　　　　　　　　　壁をつくる

・・・

　一般にコマは着色するときれい。また、回転による混色も工夫するとおもしろい。

　しかし、もっとおもしろく不思議なのは、アタッチメントを使うことだ。簡単なものから。

ⓐ　　　　　　キラキラ光るプラスチックテープに
　　　　　　　少し大きめの穴をあけ、のせる

　　さて、どうなるか？　予想外の現象が起こる

ⓑ乗せるテープを細長くし　　　　　、2枚2色にする
　これでどうなるか？

ⓒテープを細長く切る。　　　　　　一方をまるめる
　これをコマの上へ。上のテープはゆっくりまわる。まさに"おそうじロボット"のようになる。

・軸の上に何かをつける　　　　　　ストローに竹ひご

　　　　　　　　　　　　　　　　細いテープをつける
　　上の場合ごく軽いもの

　　　　　　　どうなる？

コマのいろいろな原理を考えよう。

(1)回転慣性　これは、重さに比例といいたいが、そう簡単ではない。[･･]　と　[･ ･]　右図のように、重さが外側になると、回転慣性が大きくなる。この場合の数学的解明は、大変むずかしい。

(2)コマの軸は、高速で回転していると、一定の方向を維持しようとする。これを利用したのがジャイロコンパス。船などで利用していた（昔）。この原理は、低速回転だと、ほとんどなくなる。したがって、低速回転では、すぐたおれる。

(3)コマは、円形でなくてもよい。こまは普通は回転体にする。しかし、正方形でもよくまわる。ところが、三角形はむずかしい。また 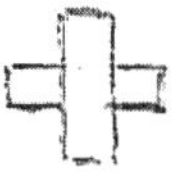　　　　　のように、十文字でも結構まわる。

(4)基本的理論の他に、空気の抵抗もある。真空の中では、 　　　　でもよくまわる。しかし、複雑な型は、空気があると、まわりにくくなる。

第10章　コマ　その2　復原力のあるコマ他
傾いても、元にもどる

一般には、コマは一度傾くと、そのままだめになる。ところが、そうならないコマも作れる。つまり"復原力"のあるコマを作ろう。条件は、

・たて長　両手まわし　下が重い

ⓐペットボトルふた2・竹ひごは長く・油ねん土・瞬間接着剤

(1) 穴をあける
　　竹ひごがきつく通ること
　　（ゆるいとダメ）

(2) 穴に瞬間接着剤を入れておく

(3) 底のまわりにねん土を入れる（均一に）

(4) 竹ひごを通しまわしてみる　ねん土でバランスをとる

(5) ふたをかぶせビニールテープでしっかり2回まく

(6) 接着剤をつける　かわいたら、またつける　一度に沢山つけてもムダ

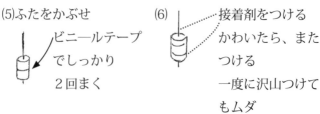

(7)まわしてみて、ガタガタ（ガサガサ等）する場合はさらに調整。ビニールテープ２〜３cmをはる。

よい場所をさがす　　　　じゅんにひとまわり

（テープを２重にするのも可）

要するに、力学の勉強をしながら、技術的に工夫すること。「本に書いてある通りしたが、うまくいかない」という人は、このコマは作れない。

「教えてもらう」→「自分で勝ち取る」

・・・・・・・・・・・・・・・・・・・・・・・・・・・・・・・・・・

ところで、なぜ復原力が生じるかが難問なのだ。すでに前章で説明した回転慣性、高速回転の原理の他に、重心をねん土で低くすることも必要。しかし、これだけでも不充分である。そこで、実験をしてみよう。

ストロー（太め）、ビニールテープ

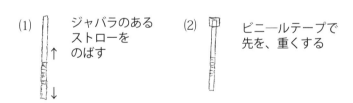

(1)　ジャバラのあるストローをのばす

(2)　ビニールテープで先を、重くする

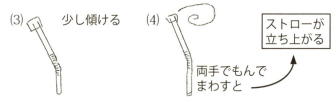

なぜこうなるか、理屈はむずかしい。しかし、自転車の場合も似たようなことが起っている。船などのジャイロコンパスも、同様といえる。

コマ作りは、奥が深い。そして、複雑・面倒だが、簡単なことも実験してみよう。

実験その１

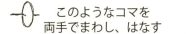　このようなコマを両手でまわし、はなす

はじめに、直進し、回転速度が下がると、カーブし、じきにパタリとたおれる

実験その２

コマをそのままおとす
多少ヒラヒラ

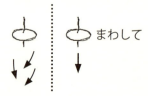 まわして

コマを高速回転で落とすと、そのままの状態で落ちて行く

〔図形とコマ〕数学的なことになると、いやがる人も多いが、一応考えてみよう。

まず、正方形のコマはまわる  可

では、台形は 見た感じでダメ

そこで、平行四辺形は？　ひし形はどうか？　正方形に近い場合は可だが、こうなるとダメ。

この理屈から考え、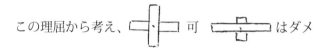 可　　　はダメ

次は、五角形。これは、正五角形なら可。ただし正確に書かないとダメ。

正六角形→正八角形。円に近づけば可。

むずかしいのは、三角形である。正三角形なら可。

ただし、軸は、重心に。

直角二等辺三角形（三角定規のひとつ）ダメ。

あとはいうまでもない。

理論的にいえば、回転慣性のバランスの問題になる。数学と物理のからまったテーマ。

第 11 章　人間は知識泥棒、物を作るのは、
知識泥棒だけではダメ

ⓐ 「折り紙」の本をたよりに、折り紙をしたことがあり
ますか？　これは案外むずかしい。つるなど人に手に
とって教えてもらっても、結構迷ったりする。作るの
になれてしまうと、何でもないことでも、要領をおぼ
えるまでは、苦心することも多い。つまり、手の作業は、

・丸暗記の知識だけでは、どうにもならない
　記憶プラスα（アルファ）が大切
・くり返しの練習が不可欠……おぼえたぞ
　それでＯＫ（オーケー）とはいかない

　その例として、紙など材質の違いがある。紙には色が
ある。これは見ればわかる。しかし、筋の場合たて・横
の違いがある。これは、手に取ってみないとわからない。
堅さも同様。これは、知識だけでは "片付かない" こと
なのだ。

ⓑ人間は言語を使う。また図などで表現することも可能だ。そして、それらは、情報として、人から人へと伝達される。つまり、チエの伝達である。学問・技術の勉強はこれが基本。しかも、日常生活でも同様だ。いわゆる井戸端会議・電子機器のブログ……。そして、それを利用して、"サルマネ"をしたくなる。いい意味でのチエを学ぶのではなく、「知識泥棒」をしたくなる。これが行き過ぎると困るので、特許・商標登録などの制度がある。

ⓒ"物を作る"ためには、単なる知識泥棒ではダメ。高度な科学技術・職人的技能・ちょっとした料理など、様々な物作りでは、情報プラスα（練習・努力・工夫・創意等）が大切！

「本の通りやってみたが、うまくできない。どうしてくれる！」式の発想ではダメ。

・本は、手がかり。本は「教科書式暗記本では不可」「本は利用する物」「軽い読み流しは、論外だ」。

第12章　回転　ごく初歩から・基本から

すでに紹介したように、手で持って振りまわすのも回転。この場合、左まわり、右まわりの区別がある。おもしろいことに、

　　　右手は右まわり ｝ これがやりやすい
　　　左手は左まわり

この逆は、本能的にやりにくい

一般には、右まわりは"時計まわり"左まわりは台風（北半球）。とおぼえるのがよい

では扇風機はどうか？　どちらでもよいのだが、普通は向い合う人から見て、右まわりにできている。したがって、扇風機に強い風を送れば、左まわりになるはず（実際は強い風を送れないが）。

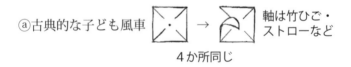

ⓐ古典的な子ども風車　　　→　　　軸は竹ひご・ストローなど
4か所同じ

家庭では親子でまわす。学校では二組に分けてまわす。回転が反対なことが、よくわかる。

なお、ひとつの物で反対まわりがよく
わかるのはコマ。図のような物は、
まわし方により、前進したり、後退したりする。

ⓑふりまわす物、思い切って大きな物を！
　ストレス解消には、物を破壊するのがよいようだ。た
とえば、皿をわる・紙をやぶく・紙のような物をグチャ
グチャにする・切りきざむ……。しかし、こうしたこと
は、あまり好ましくはない。
　そこで、マイナス面の少ない物をさがす。その一例と
して、豪快にふりまわし目立つ物がよい。

ⓒビニール袋　　　　　　　　　　２つ

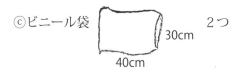

ひとつめに、新聞紙など柔かい紙をグシャグシャにつ
める。入口を閉じて、アルミはくをかぶせる。そして、
また袋に入れる。銀色で、しっかりした大玉ができる。

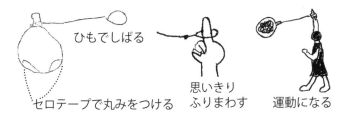

回転といえばコマ。次は風車となる。風車にもいろいろある。(1)自然の風でまわる(2)口で吹いてまわす。(3)手で持ってふりまわす等。それぞれおもしろい（工夫のしどころがいっぱい）。

ⓓ自然の風でまわすのは、弱い力なので、小さいものは無理。かといって、大きすぎるのもダメ。手のひらサイズといったところ。そこでストローを利用。

プラ板　ストロー

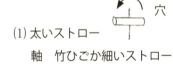
(1) 太いストロー　穴
　軸　竹ひごか細いストロー

穴をあけ、からまわりするように

(2)
ななめに切れ目（1.5cm）
（30°くらい）

(3) プラスチックの板を
　ストローに
　つぶすよう
　ホチキスで
　とめる

(4) 両方の羽のバランスが
　とれるよう調整する

(5) 　ぬけないよう
　　　　とめる

アイロンビーズなどで

軸が細いストローなら
ようじをさすなど、工夫する

(6) 植木鉢式にして
　窓ぎわなどに置く

　←風　キラキラして
　　　　　　きれい

ⓔ ⓓのやり方で、小さく作る。プラスチックの羽なしでもまわる。ただし強い風が必要。そこで、ごく小さく作り、"口で吹いて"まわす。

いずれにしても、風の方向が逆なら、回転も反対になるように作る方がよい。

（注）口で吹く時、どの方向から吹くか？ また、口を近づけすぎても、遠すぎても不可。

ⓕ手で持ってまわす。ⓔの口で吹くより少し大きい物がよい。そこで △ 三角台を作る方法。

(1)

(2) 2枚の羽を三角台につける（ひねりをつける）
（注）軸は竹ひご・ストローのほか、アルミの針金でもよい。持ちやすくまげられ利点あり。先を ⌒ 丸めて、危険のないように。

(付記)風車体操がおもしろい。上へ下へ、右へ左へ。持ったまま、体を回転（目がまわる）。

⑧プラペラ式（竹とんぼ……プラとんぼ方式）

　プラスチック板　厚くて堅すぎると不可。薄いがペラペラでもまずい。薄くて軽いが、まげてそのままになるくらいの板。

(1) 8cm 2cm

ラジオペンチ等でまげる

(2) 竹ひごを通す

穴にかたく入るように

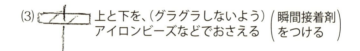

(3) 上と下を、（グラグラしないよう）アイロンビーズなどでおさえる（瞬間接着剤をつける）

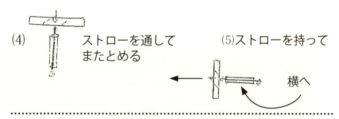

(4) ストローを通してまたとめる

(5) ストローを持って　横へ

・・・・・・・・・・・・・・・・・・・・・・・・・・・・

　空気（気体）は目に見えない。工夫するところがいっぱい。そして、失敗・やりなおしも多い。「理屈は大切だが、理屈通りにならない」「やってみないとわからない」そこがおもしろい。　大人が子どもに教えるのでは不可。いっしょに工夫し、苦心と成功を味わうのが空気の工作。

回転というと、まわす力が必要。その力は、手とか口で吹くなど人力といえる。しかし、重力でまわすことも、おもしろい。

ⓗアルミの針金のコイルで。アルミの針金は、太さ1.5mm位、長さ50cm。まきつける棒は、6mmくらいの木か竹の棒（丸いぬり箸など）。

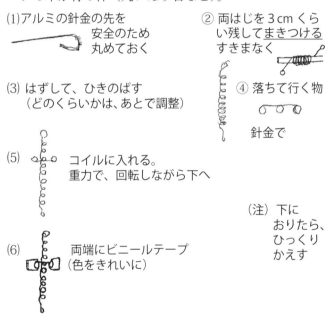

(1) アルミの針金の先を安全のため丸めておく
② 両はじを3cmくらい残してまきつけるすきまなく
(3) はずして、ひきのばす（どのくらいかは、あとで調整）
④ 落ちて行く物　針金で
(5) コイルに入れる。重力で、回転しながら下へ
（注）下におりたら、ひっくりかえす
(6) 両端にビニールテープ（色をきれいに）

(付記) これの応用・工夫は、奥が深い。

　　例　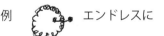　エンドレスに

◎ラジオペンチなどが必要になるが……。

第 13 章　まわす　やさしい物から

"振りまわす"これは動物にはまずない。首を振ることはあっても、物を振りまわすことは皆無。"振りまわす"は、人類の特権といえる。したがって、幼児はにが手の傾向。3才くらいで、一応できるようだが、5〜6才にならないと、うまくできないようだ。

振りまわすといえば、新体操でテープをみごとに輪にする、あるいはうず巻きにするなどを思い出す。しかし、振りまわすは、上品・きれい・みごとにこだわることはない。もっとワイルドな物もあってよい。

ⓐアルミはくの玉　ゴムひも（細）

ゼムクリップを持って　　玉をふりまわす　　ゴムひもにこぶアルミはくをかぶせる

㋐　水平に

㋑　たてに円

その他
いろいろに
ふりまわす

最後に、
投げて受けとる

ⓑアルミはくの玉は、当たると若干痛い。そこで、ペーパータオルを使う。

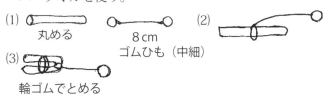

(1) 丸める
(2)
　　8cm
　　ゴムひも（中細）
(3) 輪ゴムでとめる

(4) 　　反対に同じ物をつける

　これは、ヌンチャク式。片方を持ち、振りまわす。投げてとばす、受け取る……。
　さらに２つ作り、両手で同時にやれば、立派な芸になる。

（付記）ヌンチャクは、格闘技(かくとうぎ)の道具。刃物を使えば殺人も可能。忍者などが使ったらしい。ヌンチャク・手裏剣など、昔の武器が、今では奇術、運動、おもちゃなどに、流用されている。

ⓒストローのジャバラ方式

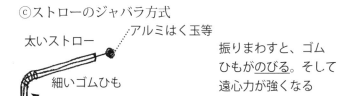

太いストロー　　アルミはく玉等

細いゴムひも
持つ

振りまわすと、ゴムひもがのびる。そして遠心力が強くなる不思議な手の感覚

ⓓ 針金方式

たこ糸かゴムひもで、長さ等はてきとうに

ⓔ 針金を手でまわす

回転の速さが加減できる
まわす手を、はなしてもよい

ⓕ 針金に羽をつけ、口で吹いてまわす

……少し堅い紙

フーと吹いては、ひと息吸う……

（付記）色をつける等、工夫するのも楽しい。

・・

物を振りまわすだけでなく"光"を振りまわすこともできる。鏡と小さいライト（暗い所で）。

 ライト 反射光を天井などに照らす

厚紙

銀のプラスチックテープをはると、鏡になる

ストローをちょっとななめにつける

ストローをまわすと、反射光が、回転する

・太陽光でもできる

光とくれば、次は音。音も理論的には可能。だが、手作り工作では、非常にむずかしい。

　なお、電波などは、ある程度振りまわす式のことは可能なようだ。もちろん、音も電波もとばすことはできるが、受け取るのはむずかしい。

ひろがる

　いずれにしても、振りまわす→飛ばす→受けとるは、様々な工夫ができる。砲丸投げは、クルクルまわしてとばす。奇術では　　　のような物をまわして上にとばし、受けとっている。

（蛇足）われわれの生活では、座業と立業・歩業がある。健康上は座業ばかりでは不可。折り紙・はり絵など、熱心にやり過ぎると肩がこる・腰がこわばる等が生じやすい（要注意）。

　　工作でも、作る（座業）→振りまわす→飛ばす→受けとる、といった立業・歩業をまぜると、健康上大変よいはずだ。

61

第14章　まわす物　意外な物　コマに似た物等

　コマの場合、ひもでまわす・片手でまわす・両手でまわす等いろいろある。コマではないが、両手でまわす物を2例。

ⓐ 厚紙／やわらかいゴムひも（マスクゴム）／ストロー

ストローの下の方を両手でまわす
右まわり・左まわりと交互にまわす

色ぬり・シールはりなどきれいに

（付記）たとえば、赤と黄にぬる。回転が速いと、オレンジに（混色）。止まりそうな時は、別々の色に見える。光学・心理学的なおもしろさ。

ⓑ 一方回転（両手まわし）

　自転車のペダルは、逆まわししても空まわり。バックはしない。これと同様に、両手で手をもむようにしても、一方方向にまわる物を工夫したい。

(1)太いストロー　→　このように切る

(2) 上下さかさまにつける　(3) 少し細いストローにようじをさす……

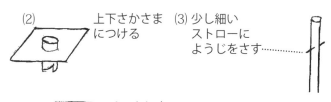

(4) 両手でまわす 一方のみ回転 反対は空まわり　（注）まわし方に多少コツがいる

ⓒ 物を投げれば、放物線に飛ぶ　ただし、これは、不完全な放物線で、落ちる時は、垂直に近くなる。日本古来の羽つきはこの典型。

バドミントンもこれに近い。そこで、落ちる時にクルクルまわる物を工夫したい。少し迷いやすいので、作りながら本に目を通してほしい。

(1) ストロー　直径7mm　　長さ5cm

(2) 切れ目2つ　1.5cm くらい

(3) 輪ゴムをストローの上部にひっかけストローの中を通す。下を少し出す……ストローの中を通す

(4) カラーのプラスチックテープ　巾 1.7cm　長さ 12cm　少しそりがあるので外側に開くように折る

しっかり折る

(5) ストローを　(6) テープを
　　 つぶして　　　 外側に折る
　　 ホチキスで
　　 しっかりとめる

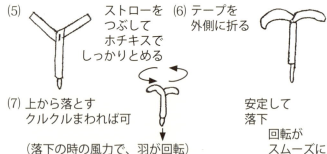

(7) 上から落とす
　　 クルクルまわれば可

（落下の時の風力で、羽が回転）

安定して
落下

回転が
スムーズに

(8) 紙の棒を作り、先を少し切りおとし
　　 輪ゴムがひっかかるように（第1章 P10参照）

(9)
引く
はなす

とび上がり、落ちると
クルクルまわる

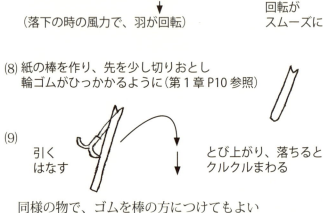

同様の物で、ゴムを棒の方につけてもよい

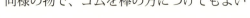

ゴム　　　　　　ストローを　　　ホチキス
　　　　　　　　つぶす

棒は細く丸めた物（かたくする）

(付記)　　　　　これは、棒なしで、高い所から
クルクル落ち　　落としてもよい。
　　　　　　　 （スベリ台の上の方から）

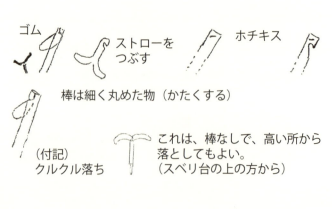

ⓓビー玉を利用、円すい状の皿の上で
遠心力をうまく使う。半径10cmほど
の紙の円に切れ目を入れ、浅い円すいに。

持ち手をつける。　　　　底に穴を開ける。

　ビー玉が下に落ちる。適当にまわしてい
れば、落ちない。

・強くまわすと、外へとび出す　｝遠心力の調整
・ゆっくりまわすと、落ちる

もちろん、円すいが浅く皿状か、それとも深くどんぶり式かによってもちがう。またビー玉の大きさによってもちがう。

　結局、いろいろな条件がからみ合う試行錯誤の仕事。大人も楽しみながら……。

（補足）子どもには、皿にふちをつけるとよい。

　高さも、子どもの年令により高低を。

（付記）このような物は、力学的・数学的解明は困難である。だから逆におもしろい……。

第15章 ブンブンコマ式の物など

　ひもを引く→コマ状の物が回転する→ひもがもどる→またひもを引く……くり返す。こうしたおもちゃというか、手遊びの物。きれいに着色すれば動く物の"美"ができる（大人も楽しい）。また奇術に近い物。どんな工夫があるのか？

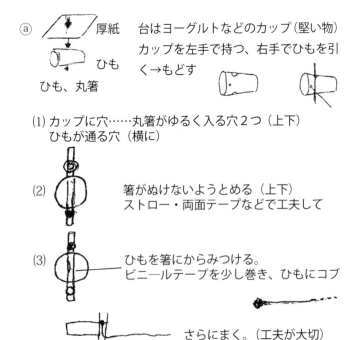

ⓐ　厚紙　　　台はヨーグルトなどのカップ（堅い物）
　　ひも　　　カップを左手で持つ、右手でひもを引く→もどす
ひも、丸箸

(1) カップに穴……丸箸がゆるく入る穴2つ（上下）
　　ひもが通る穴（横に）

(2) 箸がぬけないようとめる（上下）
　　ストロー・両面テープなどで工夫して

(3) ひもを箸にからみつける。
　　ビニールテープを少し巻き、ひもにコブ

　テープ　ひも　　さらにまく。（工夫が大切）
　　　　　　　　　ひもが箸からとれないように

(4) ひもの反対の端をカップの中から外に出す

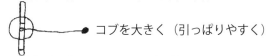 コブを大きく（引っぱりやすく）

(5) 上に厚紙の板（8〜9cmの正方形）をつける
　　からまわりしないようにしっかりと

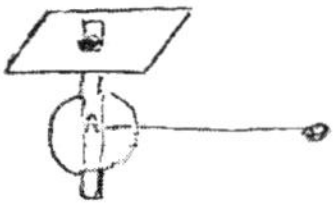

(6) 厚紙に着色・ゼムクリップ等をつける……

(7) まわすコツ　ひもを引く→<u>すぐもどす</u>
　　（ひっぱった瞬間に、止めないこと）

ⓑ  さじつき軽いストロー

(1) ストローバネ（コイル）
　　まわしながら切ってコイルにする　　　4cm残す
　　　　　　　　　　　　　　　ななめに切る

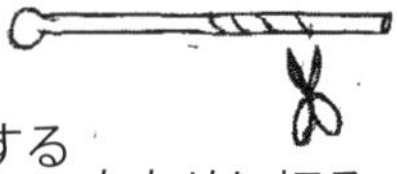

(2) 厚紙7〜8cmの正方形
　　穴をあけ　　　図のように

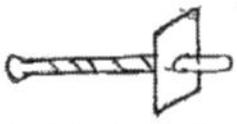

(3) ストローの先を
　　4つのわれめ、
　　2cmくらい

(4) 4つのわれめのうち2つ
　　厚紙に固定
　　（ホチキス）

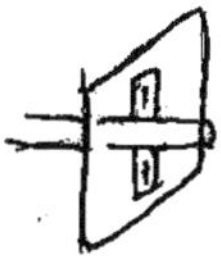

(5) 4つのわれめの残り
　　2つに輪ゴムをつける
　　ホチキスで

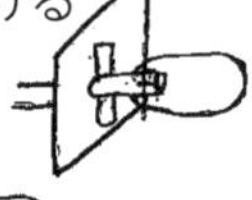

(6) ストローの端を左手
　　輪ゴムを右手に　　引く→もどす
　　　　　　　　　　<u>交互に回転</u>

左手　右手

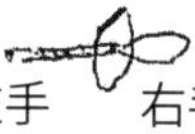

ⓒ ストローバネを振りまわす

アルミはくをかぶせ
重くする
(ペーパータオルでも可)
(幼児に持たせる……)

下を持って
振りまわす
ブラブラ感が
ゆかい

ⓓ ストローバネを円にする

2つで、手錠

ひも（ゴムひも）で

「逮捕！」あるいは、2人で

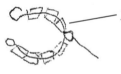

「なべなべ そーこぬけ」

大勢でやるのも楽しい……体操式に工夫を！

(付記) 手錠はアルミの針金でも作れる。この場合、コイルにしなくても可

ストロー
2〜3cm

ⓔ

コイル部分を半分に

両手で交互にまわす

「ブアンブアン」
不安定な
交互の回転

(付記) ストローバネは応用が広い

　　いろいろ工夫すると、意外な物ができるかも？
　　不安定な物のおもしろさに注目！

まわすなどから少し脱線するが、ストローバネを飛ばすのもよい

輪ゴム

紙の棒（わり箸などでも）でとばす

ストローバネ２〜３で、大きい輪にする これを、まわすようとばす（輪投げ式）

(注)ストローバネを沢山作ると、手が痛くなることあり。のんびり作ること。なお、はさみはよく切れる物でないと……。

....

さらに脱線……まわす・とばすではない物へ！かざり物（生け花式、髪かざり・手首かざり等）

細いストローでこまかいコイルバネを作る。これをひも結び式にからませる　何回もすると、ふしぎなかたまりに。　色ちがいをとりまぜて、　カップの底にねん土を入れて生け花式に、キラキラテープをからませたり……。グジャグジャのおもしろさを工夫しよう！

第 16 章　ブンブンコマのいろいろ

　昔は、大きいボタンを使った。穴 2 つか穴 4 つ。しかし現代では、あまりないようだ。したがってボタンを使わない方式が一般的。

ⓐ 厚紙とひもだけ　　　　　　　厚紙　6 cm　正方形
　　　　　　　　　　　　　　2 枚～3 枚と重ねても可
　　　　　　　　　　　　　　ビニールテープで重くしてもよい（軽すぎるのは不可）

穴は 2 つ
穴の間隔 1 cm ほど

・バランスのとり方は、作ってみるとバランスがとれていないことも多い。そこでビニールテープを 2 cm くらい板につけ、場所を変える。
　よくまわる所をさがす。

　その他、厚紙の一部を切り取る方法もある。
　このコマは、作るのは簡単だが、すこぶるまわしにくい。また斜(ななめ)にすると、低い方へ片寄るなど欠点も多い。
　そこで、ひもを左右別々に。ⓑへ。

ⓑ ⓐとちがい、ひもは、左右別々に

　　　ただし、厚紙がやぶけ、ひもが

とれてしまう。そこで、中にストローを

・ストローをつぶして、ひもの間に、ホチキスでとめる。
　両面にストローを。こうすると、 

厚紙がやぶけない。また斜めにしても大丈夫。

ⓒ 4つの穴で、ひもは左右別々、 図のように
　　　　　　　　　　　　　　　　　　ホチキスで
　　　　　　　　　　　　　　　　　　表と裏を直角に

穴は 図のように4つ

　こうしたものは、大変よくまわる（始動がよい）。バランスの調整を忘れずに。

ⓓ ブンブンゴマとは、「ブンブン」と音がするからだ。
　そこでよく音が出るように工夫する。 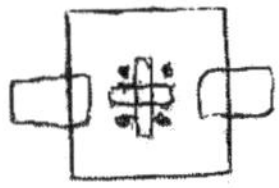
　　　　　プラテープを、図のように2つつける。
　　　　　俗にいう「空気を切る」ことにより、音
が出る。ブンブンというより、ペラペラという音。

ⓔ 大きく作る

上下に棒
（わり箸など）

下を足でおさえる
上を両手で、
ゆっくり上へ下へ

ゆっくり豪快にまわせる。

ⓕ 2つ同時にまわす　　棒 棒　同時に
　始めは、下を、次に上を　　　　　　　　まわせるか？
　まわして、2ついっしょに　　　　　　　・コツが大切

ⓖ 大きいもの1つ、左右に小さいもので3つ

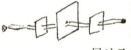
これはむしろ、まわしやすい。
3つ4つ、沢山まわして、人に
見せることができれば「曲芸」になる。

ⓗ 小さいものにも挑戦してみよう。それには小さいボタンがよい（直径 1.0 〜 1.2cm）。古いシャツなどのボタンは、いくらでもある。

(1) 　3cmの正方形のガムテープを2枚

両面をかぶせる。カッターで、穴の所を
切りとる（両面）……ひもが通るように

⑵さらに重くするため、ビニールテープをまくなど工夫する。こうしてから、ナイロンのひもをつけ、仕上げる。ナイロンのひもは結びめがほどけやすいので、接着剤などを少しつける（多量不可）。

①以上のような作り方で、かなり大きいものも作ることができる。大きい場合はたこ糸でもよい。いずれにしても、廃品利用にいつも注目したい。しかし反面、バランスの調整もむずかしい。また着色なども、うまくいかないことも多い。

....

廃物利用のブンブンコマとして、テープの芯などがある。これは円形（回転体）なので、よくまわる。しかし、穴をあける時キリを使う。これがとても危険である。手なれた人でないと、無理かもしれない。つまり、キリを使う右手よりも、テープの芯を持つ左手がむずかしい。一般に手先の器用・不器用は右手にこだわる傾向。しかし左手も実は大切！

ⓙペットボトルのふたを利用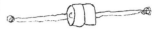

2つ・ひもは別々

(1) 2つのふたに2つずつ穴をあける（計4つ）　場所は左右対称

(2)  ←反対も同じ

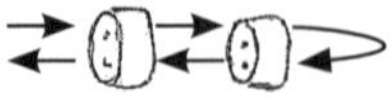

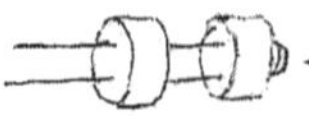

ひもの通し方（上図）

(3) ここにビニールテープをしっかりまく

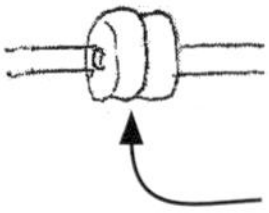

(4) バランスのとり方　ビニールテープ2cmくらいでいろいろはってためす。

（付記）プラスチックのふたなど、いろいろある。2つ同じ物が手に入れば、ペットボトルのふたより大きい物ができる。大きい方がよくまわるし、色をきれいにぬれる。しかしリズムがゆっくりになる。

ⓚテープの芯1つで
ひものつけ方は、前と同様に
しっかり作らないと
こわれやすい

両側に厚紙を
はりつける（接着剤）
2枚ずつ

①同じテープの芯2こで。これは、図で説明しても、わかりにくい

(1) 1つの芯を少しつぶして、楕円(だえん)のようにする（つぶしすぎは不可）

(2)穴を2つずつあける

ま横からだと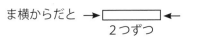
2つずつ

ま上から見ると

(3)穴のないもうひとつを芯に、穴を<u>あけた</u>芯を入れる

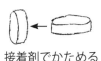

接着剤でかためる

(4)ひものつけ方は、前と違い、それぞれ2回ずつ穴を通す

（左右別々）

以上のようにして作ったこまは、とてもよくまわる（始動がよい。重さも手頃。なお、回転の速さは、芯の大きさによって、まちまち）。

（付記）回転慣性（まわるいきおい）は、外側が重いほど大きくなる。つまり、両手で引く力を大きくしてまわす。そして、そのいきおいは、強力になる。

第17章　ストローによる工作　簡単な物から

　ストローは、適当に柔らかい。折り曲げるのも可。さらにはさみでポンと切れる。入手も手軽だ。スーパーなどでは、2種類の標準的な物を売っている。

　　　　　　　　　　　7 mm　　　　　　　　　　4 mm

21cm　　ジャバラ　　　少なめ　16cm　ジャバラ
　　ストローα　　　なし　　　　ストローβ

　100円ショップ・ホームセンター等では、さらにいろいろな物がある。

・αより太い物　8 mm　長さはいろいろ（ジャバラのない物あり）。さらに1 cmの太い物もある。
・αとβの中間の太さ5 mm、長さは21cm、ジャバラつきが多い。
・βより細い物もある。めったに売っていない。
・さじつきストロー　　　　　　　　　　8 mm　21cm
　堅いしっかりした物（ジャバラなしが多い）

◎ストローは多種多様。ストローだけで作る場合と、ストロー＋「他の材料」の場合あり。

ストロー利用のいろいろなテクニック

㋐ストローをかたくし、折れにくくする

2本のうち、1本に切れ目を入れ、
中にさし込む（2重に）

さじつき
← 中へ

㋑ストローをつなぐ（外につなぎをカバーする）

切れ目

セロテープで
とめる

㋒

同上

つなぎを中に入れる

㋓口で吹く時、万が一吸い込んでは危険。防止の方法

ジャバラを曲げる

ようじをさす

㋔ストローを穴に通す時

ななめに
切れ目を
入れる

㋕ストローを4つに分ける

4つのすじがある物を利用

㋖前に紹介した、ストローばね（コイル）

㋗ストローを切る時、はさみの切れ味がわかる。
切れないはさみだと切り口がギザギザになる。

㋘きちんと曲げたり、つぶしたりの時は、ラジオペンチ
が便利。また、はさみのミネでしごく。

77

ⓐ第1章で紹介した吹き矢式のものは、2連発、2発同時発射などいろいろ工夫できる

わざと別方向に

ⓑストローコイルのいろいろ利用
　グニャグニャにしてもよい

（幼児は大好き）

ⓒストローを飛ばす
　　3種

（すでに紹介したものを含めて）

(1)とばす物に、輪ゴムをつける

(2)輪ゴムを、発射台や棒につける

すきま

(3)ゴムなし……遠心力等の利用

棒は少し長く
（紙の棒など……）

とばす物

手を後ろの方から、大きくふる　少しコツがいる
（練習必要）

(4)ヒラヒラとび→落ち（ストロー棒で）

プラスチックのテープ
輪ゴムをつける（ホチキス等）

少し長く

ストロー

不規則におちる

(5)輪ゴム……ストローキラキラテープ（とばす）

………堅いストローを中心に、様々な物（飛行機・ちょうちょ）

とび方・落ち方など、いろいろにぎやか

ⓓ開く・閉じるおもしろさ

(1) 両端を残して4つわれに（太いストロー）

(2) 中をふくらますちょうちん型

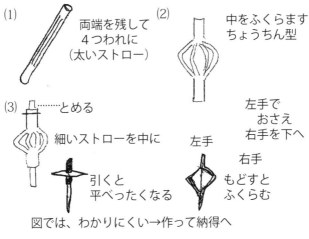

(3) ……とめる　細いストローを中に　引くと平べったくなる

左手でおさえ右手を下へ
左手
右手
もどすとふくらむ

図では、わかりにくい→作って納得へ

(4) 細いキラキラテープをてきとうにつける　テープがおどってきれい

（付記）これは、画用紙等でも作れる。折紙の<u>ちょうちん</u>の考え方の応用。中のストローのかわりに、竹ひご・ひもを使うなど、工夫はいろいろに。

ⓔ咲く花→切れるはさみ・ラジオペンチが必要。第3章の紙で作る"咲く花"(鼻で花を咲かせよう)の応用で、ストローが材料。

　　ストロー　太さ7mm　長さ20cm位……㋐
　　　　　　太さ8〜9mm　長さ7cm位……㋑

(1) ㋐を4つわれに　　　　　　(2)

折り目を
ラジオペンチで
よく折る
9cm

㋑を4つわれに

折り目を
㋐と同様
2cm　5cm

(3)  入れる　折り目がそろうまで
　　㋑　←　㋐

(4)  ㋑の先と㋐の途中をホチキスで
　　　　とめる（4本別々に）

(5) 　　ここにビニールテープを巻き、持ちやすく

(6)
　　左手で　　　　　　右手で持ち　　花が
　　下の方を持つ　　　下へ　　　　咲く

(7) 先端にキラキラテープをつける

(8) 　　反対におすと図のように
　　　何回も開閉して、ストローにくせをつける

・こうもり傘の骨に似ている
　作ってみて、「なるほど」と納得するはず

ⓕ UFOキャッチャーのまね

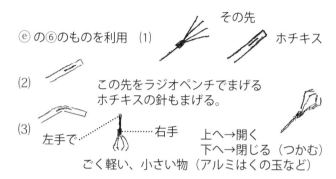

ⓔの⑥のものを利用 (1) その先　ホチキス

(2) この先をラジオペンチでまげる
ホチキスの針もまげる。

(3) 左手で　右手　上へ→開く
下へ→閉じる（つかむ）
ごく軽い、小さい物（アルミはくの玉など）

（注）これも苦心と工夫が不可欠。

ⓖ風船の利用　ジャバラのストロー

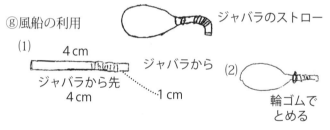

(1) 4cm　ジャバラから
ジャバラから先 4cm　1cm
(2) 輪ゴムでとめる

(3) 先をまげる（上の図のように）

(4) 吹いてふくらます→上へ持ち上げるようにして手ばなす

(5) 空中をクルクルまわって下に落ちる
　　落ちても、まだまわる

（注）これも、やってみて納得！しかし、理屈としては、作用・反作用の法則の応用。

第18章　光と音

　光といえば、鏡とサングラス式（色めがね）。このような物は、材料がむずかしい。

ⓐ鏡式　キラキラするプラスチックテープを厚紙にはると、きれいに光る。日なたがと反射して天井にうつる。しかも動かせるのでおもしろい。その工夫の１例を。

(1) 厚紙に金色のテープ
　　テープを並べ、両端のみをはる（ほんの少しすきまを）

(2) 別の色のテープを、機織り（はたお）のようにあみこむ
　　（注）色を３〜４色にしてもよい

(3) 両端を抜けないようホチキス等でとめる

・機織り（はたお）は、テレビ等でも見かける。ただし、これは、参考にはなるが、サルまねではダメ。

ⓑサングラス系（色めがね）　厚紙を大きめに
　厚紙に中をくり抜く　（顔に合わせて）

　小さい子どもは、目をこする危険あり

　ふちにスキマテープをはると安全！

次に、マスクゴムをつける
(ホチキス、両面テープなどで)
色を両眼同じにすると、赤く見えたり、
青く見えたり……
(注)太陽を直接見るのは要注意。電気の光なら可。
(補足)両眼別の色にすると大変おもしろい。心理学的
　にも、光の物理的問題にもなる。研究課題になる、お
　もしろいテーマ。

ⓒ万華鏡（まんげきょう）　これは、ガラスの鏡を使う物。しかし工作で
は不可能。また落としてわる危険もある。そこで、プラ
スチックの光るテープを使う。大部分は銀、そして一部
分は金・赤などを。また、三角が手頃。

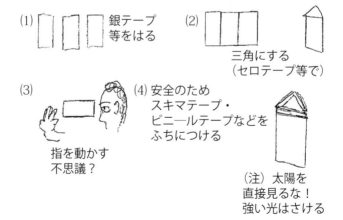

(1) 銀テープ等をはる
(2) 三角にする（セロテープ等で）
(3) 指を動かす不思議？
(4) 安全のためスキマテープ・ビニールテープなどをふちにつける

（注）太陽を直接見るな！強い光はさける

光の次は音。音は目に見えない。だから工作では、最もにが手な物。つまり作ってみないと、音が出るか、出ないかわからない。ちょっとしたことで出るはずの音が、チンともプーとも出なくなる。理屈も大切だが、基本的には"試行錯誤"の仕事。あまり本にたよらず、工夫・改良することが大切。

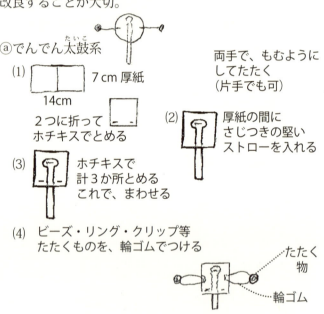

ⓐでんでん太鼓(たいこ)系

(1) 7cm 厚紙　14cm
　2つに折ってホチキスでとめる

両手で、もむようにしてたたく
(片手でも可)

(2) 厚紙の間にさじつきの堅いストローを入れる

(3) ホチキスで計3か所とめる　これで、まわせる

(4) ビーズ・リング・クリップ等
　たたくものを、輪ゴムでつける

たたく物
輪ゴム

　以上は、基本的考え方を示したもの。実際は、材料なども含め、よい音が出るように工夫・改良してほしい。よい音を出すのはむずかしい……。

音を出す物といえば笛。本格的楽器は手作りでは無理。簡単な物では、体育の指導に使う笛。また小学生が使うリコーダー。これらを参考に、ストローの笛を手作りで挑戦しよう。

ⓑ 細いストロー、太いストローの2種（堅い物）

(1) 細いストローの片方のはじをしごいて、平べったくする

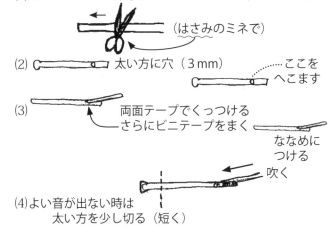

(4) よい音が出ない時は
　　太い方を少し切る（短く）

(5) 作った人が、口をつけている。多少不潔の心配あり
　　細いストローを少し切って、人に渡す
　　また、水洗いをしてもよい

(注) 実際は、1回でピシャリと音を出すのはむずかしい。
　　　改良・工夫が大切。
(付記) 鉛筆のキャップでも作れるが、大変むずかしい。

第19章　かざりもの……身につけるもの

　子どもがつける髪かざり・ペンダント・手首につけるかざり・バッチ……。これらは、工夫・創作として、楽しむことができる。

・どんな物が？材料は？　　　｜　この2つが
・どんなふうに身につける？　｜　むずかしい
　さらに、身につける物だから
・ゴワゴワしない　・少しぬれてもよい
という条件もつく。そこで、まずビニールテープの3つ編みがよい。

ⓐビニールテープ3色、それぞれ、接着剤のある方をくっつける。　　　　　　　　　　　　　こうすると、
　　　　　　ネバつく方を中に

ネバネバがかくれる。これの三色を3つ編にする。

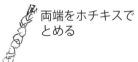
両端をホチキスでとめる

①これを手首につける物へ
　（マスクゴムなどでつなぐ）

②ひもむすびのやり方で、丸っこくする
　クリップをつけ、キラキラテープを
　たらす。ペンダント用に、髪かざりに

ⓑ 白のスポンジを利用（黄などうすい色でも可）

　立方体のスポンジの角をおとし、球形にする。これはフワフワして、親しみやすい。色をつけるには、マジックで、ポツポツと点をつける。いろいろな色をまぜるときれい。

　ただし、これはぶらさげにくい。その工夫を！
たとえば、　少し切れ目を入れ、両面テープをその中にはる。クリップといっしょにつけ、もとの球形にもどす。……………クリップ

ⓒ ペンダントにする時、ひもは不可。"首つり"になっては危険。ひものかわりに、やわらかいマスクゴムにする。それでも少し危険が残る。

　つなぎ方　　　　強い力でとれるように工夫

たとえば　太いストローと細いストローをつける

細いストローを折りまげて太いストローにさしこむ
　　　　　　　（他にもいろいろアイデアあり）

第20章　スポンジ工作

　昔からろう細工や石けん彫刻などがあった。しかしこれらは、落とすとこわれる。また彫刻刀を使って作る。なれない人は左手をけがしやすい。そこで、スポンジ工作がたのしい。輪ゴムやホチキスでしめつけることもできる。大部分ははさみで作ることができる。前章で、球形のスポンジのペンダントを紹介した。では、どこで売っているか。一般的なスーパーで売っているものは、ナイロン（緑）がついている。スポンジの色は黄色など。また厚みも3cmくらい。そこで、ホームセンター等にいくと白のスポンジの大きい板を売っている。厚みは3cmの物や5cmの物など。

　スポンジ工作の問題は、静電気。本体でも切りくずでも、やたらくっつく。手に負えない。そこで、水にしめらす。そしてよくしぼる。だが水ではさみがさびる心配もある。使用後よく乾かす必要がある（ステンレスならさほど心配なし）。

ⓐ丸くて、海のウニ状の物を作る

(1)　　　　　　　(2)　　　　　　　切りすぎると
　　　　　　　　　　　　　　　　　バラバラに
　　　　　　　（要注意）

立方体　輪ゴム　切れ目（はさみで）

(3)ゴムにクリップを　｝とばす　｝用途は広い
　　からめて、つける　　かざり

　　　　　　　　　　　　　着色すればなおよい

ⓑ虫など　スポンジ・アルミの針金・ストロー・プラスチックテープなど利用。輪ゴムでしめつける工夫も

　　　　　　　　　輪ゴム（動物の首に）

ⓒ海の生物　タコなど、漫画風もおもしろい

(1) 輪ゴムでしめる　　(2)頭を丸める

(3)足を2つ・2つ・2つに　　(4)  口はストローで、
　　分け8本に　　　　　　　　　　　　目をかく

魚もおもしろい（金魚鉢に入れる……）。クジラ・ペンギン・アシカ……（水族館に）

ⓓは虫類の工夫も。　蛇のクネクネは、スポンジなら可能。ワニ・カメなどもよい。ただし、ワニとトカゲの区別はむずかしいかも？動物園などで、よく見てきた後で作る……。

（注）こうした動物は、切りくずが多く出る。これの利用も大切。切りくずを沢山集め、ラップで包み、適当にセロテープでとめると玉ができる。やたら捨てるな！

ⓔ動物（ほ乳類など）　とりあえず、うさぎなどを作る。

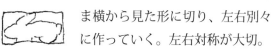

ま横から見た形に切り、左右別々に作っていく。左右対称が大切。

このコツがわかれば、一般に動物は作りやすい。この場合の原則は、次の4点。

・シンボルのあるもの。うさぎの耳・象の鼻・リスのしっぽ……

・足の細いものはむずかしい。馬・キリン……

・似たようなもの区別がむずかしい。ネコとトラの区別。やさしさとこわさの区別？

・最後の仕上げに"目"をかく。人間にしろ動物にしろ、「目は口ほどに、ものをいう」慎重にかくことが非常に大切（ギョロ目は困る）

（付記）犬など、その種類によって、その特徴をうまくとらえて作ってみよう。また、十二支を毎年暮に作るのも楽しい。

f 植物、これは好きで"こり性"の人にはおもしろいが、一般的にはどうだろう。タンポポひまわりなどの花は工夫のしどころ。ストローなど他の材料と併用して作る。

g 乗り物など、トラック・スポーツカー・はしご車など、やり出せばきりがない。

◎スポンジは、無限の可能性あり。動物などの学習にもつながる。工作というより、"型"の学問・"型"の技術。物の型をよく見る習慣がつく。

第 21 章　多面体など、立体造形の工夫

　数学的には、正多面体・複合多面体などいろいろある。しかし工作では、あまり単純な物はおもしろくない。複雑すぎるのも不可。そこで二十面体を。

ⓐ正方形の紙（折紙等）に、いっぱいの円をかく。そして、コンパスで6等分して、正六角形をかく。この六角形を型紙にして、20枚の六角形を作る。中に正三角形ができる。

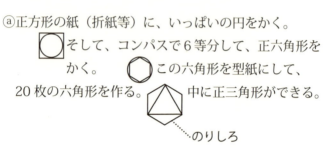

　　　　　　　　　　　　　　　のりしろ

この正三角形20枚で、正二十面体を作る。まわりの三角形を、のりしろに（つなぎに）。面倒なら、ホチキスでつけてもよい。

(1) 5枚で、かさのように作る。これを2つ作る
(2) 10枚で輪を作る　　　　　　　　　両端をつける
(3) 輪の上下に、かさをつける

　この二十面体は、プラスチックテープの巾広いもので作ると、とてもきれい。ただし、作りにくい。

ⓑ球形の物の工夫。空間とは"三次元"のこと。そこで、
プラスチックテープを、巾 1.5cm・長さ 25cm 位に切
る。これを 3 つ（3 色）。

それぞれ、輪にする

ホチキスなどで
とめる

これを　　　　のように組み合わせ球形に（セロ
テープかホチキスでとめる）このままでは、形がくず
れるので、スポンジか桜紙をまるめたもの（小さいも
の）を沢山つめていく。うまくつめると、はりが出て、
玉になる。

この玉はきれいだし、手遊びに利用できる。もちろ
ん、ゴムひもなどつけてもよい。

ⓒ球形に近い物。　　　画用紙など、円を 8 枚。

4 等分の線をかく。1 か所切れめを入れる。
この 1 か所にボンドなどつけ、折って 1 か
所をつける。球の 1／8 のようなものがで
きる。そして、それらにボンドをつけ、8 つをつな
ぐ。球に近い物になる。よくころがる。へこみに何
かをつける。

ⓓ円柱状の物　正方形の画用紙か厚紙を、12枚ほど用意し、2つに折る。これを12枚ボンドでつけていくと、円柱状の物になる。

・全部くっつける。角をおとすと丸くなる。正方形の紙のかわりに、長方形で作ってみる。　柱　皿状

・最後の1枚だけボンドをつけないでおく。輪ゴムなどで、仮に円柱にする。うまく工夫して、中に棒を立てることも可能。棒の先に何かつけても、おもしろい。

・手品式のもの。1か所ボンドをつけないと、4角の型をパッと円柱にかえることが可能。

◎円柱状の物は、色を工夫して、ころがしてもきれいでおもしろい。

以上ⓐ〜ⓓは、いずれも、ころがすことができる。また、多種を組み合わせると、不思議な物ができるかも？

ⓔ金米糖まがいの物、正二十面体を利用した物、
　正三角形の画用紙をに、正三角すい（正四面体）

を作る（セロテープで）。これを正十面体にひとつひ
とつつけていく（両面テープで）。二十面に、二十の出っ
ぱりがつく。正二十面体も、三角すいも、１辺３cm
くらいが作りやすい。色画用紙などなら、きれいに仕
上がる。

ⓕもっと簡単な物は、正三角すいで
　　１辺10cmの正三角すいを作る（四面ある）
　　　　　この半分、１辺５cmの正三角すいを
　　　　　４つ作る。この４つを大きい方につけ
　　　　　る（両面テープで）

　結局、とがった先が、８つになる。これも、着色を工
夫すると、きれいになる。

（付記）ひもをつけつるす。棒をつけて　花のように、
　　　沢山作る。上から下へだんだん小さい物を。ヨー
　　　ヨー、けん玉まがいなど……。

第22章 小さい物に挑戦

手裏剣(しゅりけん)　普通なら4cm　16cmの長方形2枚（2色）で作る。実際は画用紙で作る場合16cm＋αがよい（2mm位）。2枚は、同じに折ってはいけない……ここがむずかしい。

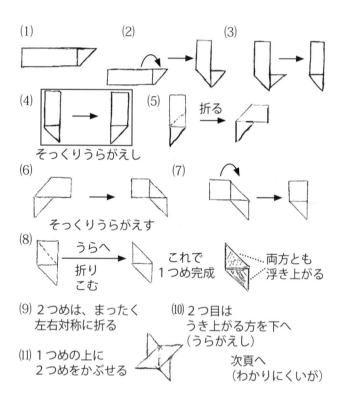

⑿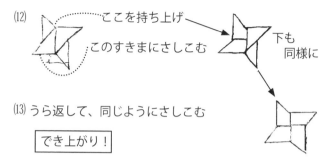

ここを持ち上げ
このすきまにさしこむ
下も同様に

⒀ うら返して、同じようにさしこむ

でき上がり！

⒁ さしこんだ所が、はずれそうなら
　ホチキスでとめる

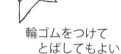

（付記）色つけは、
　　　シールはり等

輪ゴムをつけて
とばしてもよい

きれいにしてペンダントなどにも

・・・

　作りなれたら、小さいものに挑戦（半分のもの）。指先の作業のトレーニングになる。紙の大きさが１cmと４cmでも可能。面積は１/16になる。とても小さく見える。これより小さくなると、ピンセットが必要になるかも。紙も<u>うすい</u>紙でないと無理になる。

●折紙では、ツルを小さく折る競争などもあった。今は、子どもも大人も敬遠ぎみ。

(付記) もっと簡単な物の例

ⓐ正方形1辺10cmの画用紙8枚。色は8色か4色。

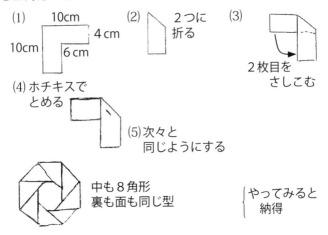

- 切り落とした8枚で、まったく同じ物を作る
- 次々と小さい物を作る。どこまでできるか？

(注) 小さくなるとホチキスでは不可能。ボンドなどで。
　　小さい物はこの点がむずかしい。次々と小さい物を
　　つるすとおもしろい。

ⓑ第3章の「鼻で花を咲かせよう」を小さい紙で作る。
　長さ10cm 巾3cmくらいでためそう。あまり堅い紙
　だと無理。かといって、柔らかすぎてもやりにくい。
　材料と手先の器用さなどが、成否の鍵となる。

ⓒスポンジでも、小さく作るのがおもしろい。たとえば、
　タコ・うさぎとカメ・てんとう虫（針金も利用）
　……。（注）先のとがった、よく切れるハサミが必要。

ⓓビニールテープで、ミニこま（軸はようじ）

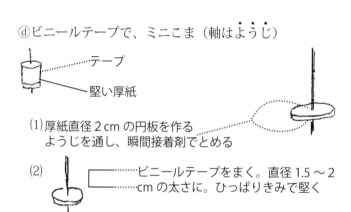

　(1)厚紙直径2cmの円板を作る
　　ようじを通し、瞬間接着剤でとめる
　(2)　　　ビニールテープをまく。直径1.5〜2
　　　　　cmの太さに。ひっぱりきみで堅く

（注）ビニールは意外に重い。指に力のある人は、大
　　きくしてみるも可（幼児は、まわしにくい）。

ⓔ小さい物を飛ばす

　物は小さいと重さのわりに表面積が大きくなる。し
たがって、空気の抵抗が強くよくとばない。そこで、
ストローにねん土を入れ、吹き矢にする。

99

第23章　水を使った物
　　まず、きれいな物、不思議な物を！

　プラスチックのカラーテープは、比重が1(イチ)に近い。水の上に置くと浮く。指で水中におしこむと、ゆっくり沈む。つまり、比重が1より少し大きい。

　用意する物、ペットボトルとストロー、プラスチックテープをこまかく切る（2～3mm）あるいは、細長く切る（巾1mm長さ4～5cm）。

　強く吹いても、弱く吹いてもよい。さらに、ストローの先をまげたり、穴をあけたりすると、水が回転したり、複雑な動きもする。幻想的な動きをさせることも可能。また水を着色してもよい（しょうが、ブドウ汁など……）

次は密封してしまう

これは、振ったり、ひっくり返したり、たおしたり……どんな動きをするか、<u>たのしみ</u>もちろん、1円玉のような物を入れ、水をかきまわしてもよい

ひも状の物からませて

こまかい物

・・・

次は夏の水遊び。簡単なものから。

ⓐ  口をつけて吹く
下の方に穴をあける ｜風呂の中
｜庭などで

ⓑ ⓐにストローをつける
暑い時、頭を冷すのに

ⓒ  吹く

 吹く

このようにすると、吹きやすい
水をとばす方向も自由にできる

ⓓ 左のふたをしめる
右に水を入れる → 左には
水は入らない

左のふたをゆるめると → 2つの水が、
同じ高さに ｜半分
｜半分に

・自然の平均化現象・・・・・
　　　　　　　　　　・・・実は"熱も同様に"になる

101

第24章　立体パズル式　四文字熟語・仲間の漢字集めなど

ⓐ小学校3・4年生むき

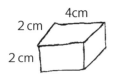

この直方体を4つ作る。これらを合わせると、大きな立方体になる（1辺4cm）

この立方体の各面に、仲間の漢字を書く

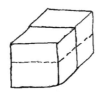

赤青白黒・前後左右・犬魚貝虫
木草花実・山川谷丘・目耳口首

　そして、バラバラにし、書いていない面に、関係のない漢字を書く（先生教室運動大中小三四五六千十万日本東京北海道湖……）　さて、四文字の仲間がうまく集まるように、組立てられるか。
　中学生の場合は、四文字熟語。また地理で、カナ四文字の外国名など……。

ⓑ立方体（サイコロ）2つに、適当な漢字を書く。たとえば、上下左右前後と山川岸谷海平。この2つを投げる。上と山と出たら「上山」「山上」という名字（みょうじ）は、

実在するか電話帳でたしかめる。もちろん、「上山」という名字は、電話帳不要。友人にいるということもあろう。
・偶然から実在を見つける…これもおもしろい

（付記）このようなことは、正八面体・正二十面体でためしてもおもしろい。また、アルファベットである。英単語になる・ならないを調べる等。

ⓒ数字を使う。2つのサイコロを投げる。テーブルに接している面は見えない。見える5つの面の目の数の合計を出す。2つのサイコロを合わせていくつか。このような作業は大人より子どもの方が速いこともあったりして、おもしろい。

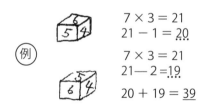

ところで、2つのサイコロの目の合計は、最大が「40」になる。さて最小は「○○」に。○○の中は？最大も最小も、スッキリした数になる。当り前なのか。それとも不思議なのか？

第25章　面倒だが、やってみるか！

ⓐドミノ作り……ひとつはすぐできるが、沢山作るのが大変

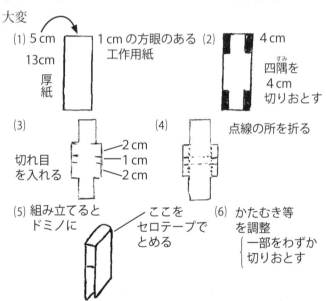

- 家庭などでは、毎日少しずつ作って、沢山に
- 学校などでは、大勢で沢山作る

　なお、サイズは、いろいろ工夫してみる。少し大きいもの、少し小さいもの、巾広いもの……。また、シールをはってきれいに。シールで重心を上にあげる効果にもなる……倒れやすくなる。

ⓑ球型作り　人間は球が好き。羽つきのハネ・バドミントンのハネは球型ではない。しかし、一般的には球技は人気がある。つまり、人間は本能的に球を好むといってよい。そこで球型を作ろう。

　簡単で作りやすいものは、円を２つ折りこれを のりで重ねていけば、球型になる。　　　ひも

をつければ、しっかりした球に。これは色画用紙で作れば、きれいな球になる。（枚数は 10 〜 12 枚）

　ではもう少ししっかりした、きれいな球を作るとすれば、第 21 章の正二十面体の応用。を丸くすればよい　　　。色画用紙で、色とりどりにすれば、とてもすてきな球型になる。

　次は、完全に近い球型を！　　　半円を三等分。
　　　　　　　　　　　　　　　　　　　（点線）
折って　　　のようにし、セロテープで外側をとめる。

　これを 20 こ作る。これらをボンドとホチキスでまとめていく。自然に球型になる。「だまされた」ように、うまくできる。色画用紙で、半径３〜 10cm。

ⓒ不思議なとび方……UFO(ユーフォー)スタイル

まわりながらとぶ、
のんびりと独特な運動

材料　木材厚さ2mmほど、巾1.5cmくらい

厚紙8cmの正方形（発射台）と9cmの正方形（とばす物）

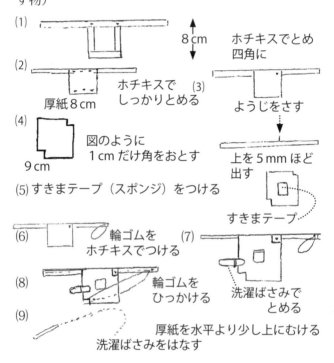

（注）工夫しながら、作る・とばすが大切。

ⓓ手品的変色リング……簡単なものから作る

少しすっきりしない。本の説明では、イメージがわかないが。材料はプラスチックのカラーテープ２色のみ(巾1.7cm)。金と銀。長さ30cmくらい。

(1)金の片面にマジックで赤い線、銀の片面にマジックで青い線をかく

(2)マジックの線がない面を合わせる。ホチキスでとめる

(3)交互に折っていく。さいごをまたホチキスでとめ、半端を切りおとす

(4)リング状にまとめる（ホチキス） イメージの図

(5)これを  指で矢印のようにめくる。色や線が、めくるたびに変わる

(6)４回で、もとに<u>もどる</u>

以上が、基本的手順。文章を読んでは、手の作業のくり返しが大切。あせらず、ボチボチと！

ⓔ変色リング　4色のテープで

　プラスチックのカラーテープを4色準備。金銀赤青

長40cm（赤はピンク・オレンジでも可、青は緑でも可）。

(1) 金と銀を
　　図のように　　金│銀
　　合わせる

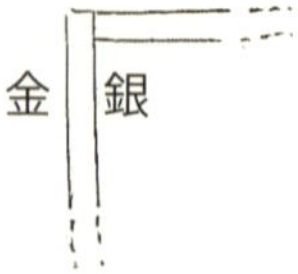

(2) 金の上に赤
　　銀の下に青
　　を重ねる
　　（金と銀が直接かさなる）

(3) ホチキスで
　　とめる

(4) それぞれ、2枚重ねで
　　交互に折ってジャバラにする
　　この時、折り目を強く
　　こすってしっかりと折る
　　（はさみのミネなどで）

(5) 前回同様、最後は
　　ホチキスでとめ
　　余分なところを
　　切り落とす

(6) 始めと終わりをホチキスで
　　まとめ、リング状にする

(7) 前回と同様に
　　色の変わり方は、混色により、大変きれいになる

(注) 巾の広いテープ（5cmくらい）でもできるが、長
　　さが1m位必要。大分作りにくい。

⒡変色リングを画用紙で（大きく作れる）

色画用紙4色（赤黄青緑）。赤はオレンジ・ピンクでも可。青は少しうすい青がよい。緑は、黄緑ぎみがよい。いずれも、明るい色がよいようだ。

⑴4色とも　　　　同じ正方形（4～8cm）。

各色20～24枚（全部で80～96枚）

⑵全部三角形の半分に折る　……ここがよく合うこと

⑶㋐ボンドを使う　㋑両面テープで

⑷㋐のボンドの場合、水でうすめる（ボンド2・水1くらいに）絵筆でぬる

⑸

黄
赤
ボンドを1cm巾でぬる
（両面テープでも同様）
青
黄　緑
赤

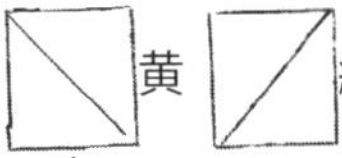

⑹赤と黄の上は、青と緑……｛上図のように重ねてはる

このように次々はる（同じ色が同じ位置に）

⑺2～3時間でボンドが半乾きになったら、ムダにくっついた所を、針状の物ではなす。……これが面倒。（両面テープだと、これは楽にできる）

⑻1日おいて本乾きに。そして少しひっぱる

⑼最初と最後をつないでリングに。この場合はボンドでなく、両面テープで。しっかり指でつまんでつけることが大切

⑽角おとし。4角なので ⬡ 5mmくらいななめに切り

おとす。変色がスムーズになるように。

⑾このままでも、充分おもしろいが、さらに着色・シールはり等をして、にぎやかにしては？

・・・

この作品は、大勢の前で、見せ物的に使うと、拍手かっさいに……。

また、この作品をよく見た人は「何か仕掛があるのか？」「ゴムでも入っているのか？」……。

・・・

なお円にすると、パッと変色でなく、徐々に変色させることも可能。この場合、四角の角をおとして円にするとよい。しかし、丸くした所をホチキスで補強することが必要になる。パッパッとした手品とのんびり手品の対比もおもしろいが……。

⑧空き箱などを利用。堅い厚紙の十二面体（球型）

(1)円をかき六等分　ボールペンできつく線をかく
　そして、ふちを折る

(2)　1ヶ所切れ目（太線）を入れ、2つ重ねて
　五角形にする。（少し平べったい谷にする）
　つまり、中心がへこんだ五角形になる。そし
　て、ふちの三か月形をよく折る。三か月形の
　ところが、のりしろ的役目をする。ただし、
　実際はホチキスで。

(3)　三枚が1ヶ所に集まるよう、ホチキスで、と
　めていく。……少しやりにくいけど。

　以上のようにすると12枚で、堅い球型ができる。投
げる・手でたたく（バレーボールのサーブのように、ヨー
ヨーのように……）。使い方はいろいろ。箱の絵など、
うまく利用すればきれいに。・厚紙にボールペンできつ
く線をかき、折り曲げるのが秘訣。廃品利用が目のつけ
どころ。

第26章　吹いて楽しむ作品

ⓐ笛　ストロー笛は第18章で紹介。それ以外にも、鉛筆のキャップを使った笛も、よい音が出る。しかし大変むずかしいのでカットする。

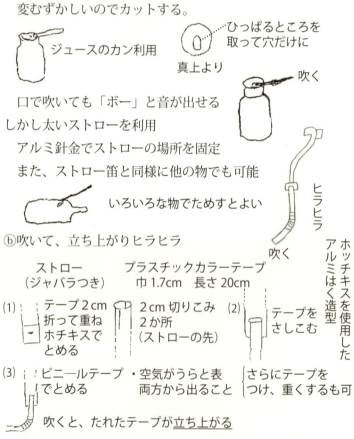

口で吹いても「ボー」と音が出せる
しかし太いストローを利用
　アルミ針金でストローの場所を固定
　また、ストロー笛と同様に他の物でも可能

いろいろな物でためすとよい

ⓑ吹いて、立ち上がりヒラヒラ

ストロー（ジャバラつき）　　プラスチックカラーテープ 巾1.7cm　長さ20cm

(1) テープ2cm 折って重ねホチキスでとめる　2cm切りこみ 2か所（ストローの先）　(2) テープをさしこむ

(3) ビニールテープでとめる　・空気がうらと表両方から出ること　さらにテープをつけ、重くするも可

吹くと、たれたテープが立ち上がる

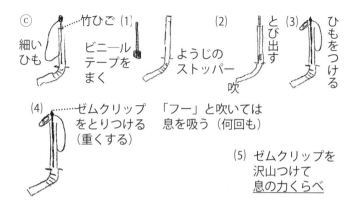

ⓒ 竹ひご　(1) ビニールテープをまく　(2) ようじのストッパー　とび出す　吹　(3) ひもをつける
細いひも
(4) ゼムクリップをとりつける（重くする）　「フー」と吹いては息を吸う（何回も）
(5) ゼムクリップを沢山つけて<u>息の力くらべ</u>

ⓓ ストローをつなぎ長くする

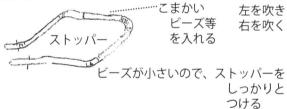

ストッパー　……こまかいビーズ等を入れる　左を吹き右を吹く

ビーズが小さいので、ストッパーをしっかりとつける

ⓔ ちょっと不思議

吹……左が上　右はそのまま　　吸……左が下へもどる　右が上へ

吹

吹いたり吸ったりで、2つが交互に上下する

ⓕ 18章の笛を、風船で吹かせる
ものすごくうるさい。うまく調整すると長く「ピー」と続く

・空気は見えない……風船も、工夫の宝庫

113

第 27 章　優等生では気づかぬ工作

ⓐ日陰物のホチキスを、日向に出してみよう。ホチキスは、書類の隅に、工作では２つをつなぐとか、くっつける仕事。これを逆に積極的に使ってみたい。10cm 正方形の画用紙・工作用紙などを使って。

　紙の色は、"黒とか紺" など。これなら、ホチキスの針がよく見える。小学生の低学年なら、自分の名前・簡単な漢字など、10cm の正方形を沢山つなげて、ホチキス画ができる。大きくして丹念にカチカチやれば、立派なものになる。また立方体に組み立ててもおもしろい。絵が下手でも、人が注目してくれるかも知れない。

ⓑスポンジリング。画用紙やプラスチックテープの４変色リング（25 章）と同様のものを作ろう。

　スポンジ３cm の四角で 25cm くらい。厚紙３０cm のわくを用意。スポンジを　　　　　つぎ目にボンド。

厚紙のわくの中へ。１日待つ。スポンジの短所は、マジック等ののりが悪い。こまかい模様や字はかけない。しかしスポンジリングは、４面とも、大体読める（中は小さい字に）。25 章のテープや画用紙の４変色リングとは違う。そこがおもしろい。

ⓒハンカチで玉作り（ハンカチでなくても可）

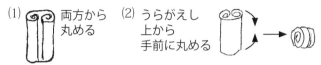

(1) 両方から丸める
(2) うらがえし 上から手前に丸める
(3) 片方をかぶせる（これがわかりにくい）
（注）すでに知っている人は何でもない

　そこで、ハンカチをもと通りにしたければ、ばらせばよい。しかし、捨てるハンカチなら、金銀赤など、テープをまくと、きれいになる。さらにゴムひもをつけヨーヨー式に。ねん土を入れれば重くなる。・この玉は、"雪合戦"の代用・節分の時の鬼退治用、赤白の玉入れなどに……。当たっても痛くない。応用が広い。子どものストレス解消に。

　次は目先きを変えて、"ボロ布"利用を。

ⓓ一般にタオルは、古くなると、捨て雑巾に利用するが、これとは別な再利用。

古いタオルの３つ編み

(1) 端を残し３つに切る

(2) ３つ編みにし、最後に「ぎゅっとひっぱり」まっすぐに

(3) 輪にする

つなぎをテープで

(4) 金・銀などのテープをななめに巻く（コイル状に）

・輪投げに
投げる
受け取る

これも応用が広い。重さ・堅さも手頃。

そこで、同様な工夫をしたい。

・長袖シャツの腕で、同様に。この場合、袖口の方は細く、肩の方は太くなる。これはこれでおもしろい。

・ズボンを適当に切り、同様３つ編みに。太く長く豪快なものになる。もちろん太さも変化する。先を丸めてのように、振りまわす・とばす。

ストレス解消に最適。

ⓔビー玉等の利用（1）

　子どもはビー玉が大好き。しかし幼児の場合、投げて当ると痛い。また口に入れる危険も大。まあ一応小学生以上と考えてよい。そのかわり、うまく作って、沢山のビー玉でころがすと、大人でもおもしろい。

　ビー玉のかわりに、発泡スチロールの玉も売っている（手芸用）。しかし、これは軽すぎるし幼児が口に入れる心配もある。

　またスーパーボールもあるが、これも重くて、堅い傾向。表面が<u>すいつく</u>傾向があり、ころがりが、ややよくない。

　ビー玉ころがしタワー（主に小学生以上）

　ティッシュの箱2つを
　重ねる

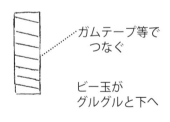

ガムテープ等で
つなぐ

ビー玉が
グルグルと下へ

簡単に作るには
<u>すきまテープ</u>を
うまく利用

(1) 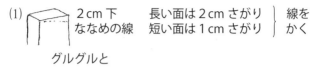 2cm 下　　　長い面は2cmさがり ｜ 線を
　　　　　ななめの線　短い面は1cmさがり ｜ かく

　　　グルグルと

(2) 線の下に3cm長のすきまテープをつけていく
　　（臨機応変に）

(3) 工作用紙　　3cm ▭━━━━▭ 2cm ▭━━━━▭　点線を
　　　　　　　　　　　　　　　　　　　　　　　　折る

　　長さは、斜めの線＋4cm　　　　同左

(4) 折った工作用紙の四隅(よすみ)をホチキスでとめて
　　いく……グルグルのまわるコースができる

(5) 角のガードレールを丸くつなげていく（テープ
　　などで）。少しのすきまでガタガタする場合は、
　　セロテープ等でとめる……。適当に補強・修正を。

・まずビー玉ひとつで、試運転。次に2、3……多数で
うまくいけばスリル満点。また、一番下の方に、ビー
玉の受け皿など工夫してみよう。

　次は、ビー玉を手で、下から上へ持っていく、"せわ
しい"おもちゃ（せっかちとリズムが大切）。

ⓕ ビー玉の利用（２）

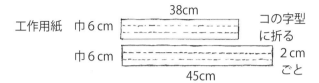

工作用紙　巾６cm　38cm　コの字型に折る
巾６cm　45cm　2cmごと

ティッシュの箱

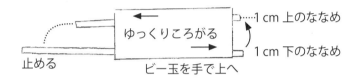

ゆっくりころがる　1cm 上のななめ
止める　ビー玉を手で上へ　1cm 下のななめ

　２つのビー玉を、連続してころがす
　このおもしろさは、やってみないとわからない

(1) 右の面　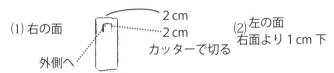　2cm　2cm　カッターで切る
外側へ

(2) 左の面　右面より１cm 下

(3) 工作用紙の短い方を入れる。ホチキスでとめる・テープでとめる。（箱の外に出ている所を利用）

(4) 工作用紙の長い方も同様に入れる
（ただし左が１cm 高くなる……ななめの坂
ビー玉が右→左→右となるように。ただし
左の下の段は、ストッパをつける）

〔付記〕ビー玉２つで上手になったら、３つで挑戦してみては？

第28章　自然・野外の物を利用して

ⓐ枯れ枝でパチンコ（古典的）

Yの型・食品容器などの堅くないプラスチック板（　　　の形に）。輪ゴム4～6本、特に説明するまでもなく、輪ゴムはつないで枝にからみつかせる。一方プラスチックにはホチキスでとめる。

　飛ばす物はススキのような細長い葉。これを何回も結んで玉にする。ほどけないように、輪ゴムかセロテープでとめる。玉は、ペーパータオルを利用すれば、当たっても痛くない。

ⓑ草などで、丈夫なつるを利用。3本で3つ編などに。長く"ブラブラ"と。振りまわす・投げる・受け取る。

　　　　　輪にしてもおもしろい。
　　　　　丈夫なつるとしては、
「くず」のつるがよい。しかし、やたらとると、自然破壊になりかねないので要注意（ことに崖など）。一般的にも、道端の雑草の花なども、やたらとってよいのか疑問。

そこで、とってもよい物は<u>ドングリ</u>。都会の公園など、子どもが争って拾う。大きい物・型のよい物はすぐなくなる傾向。そこで、ただのコマでなく、やじろべいコマを工夫しよう。

台……紙コップ・薬などの空ビン（重い方がよい）
ドングリ5こ……ひとつ大きめ、4つ同じ大きさ
ようじ多数　(1)　あまり短いと不可　(2)　4本同様

(3) バランスをとりながらさす　(4) バランスの調整
　　長さはさしてみて
　　重さは、透明ビニテープ
　　など利用

　このコマは、静止でもバランスがとれている。ゆっくりまわす。長時間持続する。最後も、ゆっくりとまる。のんびりコマもまた楽しい。
（付記）自然物利用は、教育的に大変よいことだが、危険も大きい。植物によるかぶれ・蜂・崖からころがり落ちる。また、公園などでは、植木等をあらす破壊行為・迷惑行為になったりする。

第29章　雑感　日常生活での応用・利用など

ⓐ割り箸は、清掃などに利用。これは今では常識になった。では、アイスのさじ（棒）は、第3章の板2枚とびはねる物に使える。ではプラスチックのさじはどう利用するのか。

ラップの芯をキリで5〜8この穴をあける。その穴をはさみの先でこじあけ、さじの細い端がゆるく入るようにする。細い方へ入れ、さじになっている方を下へ、パッとはなす。とび上がる。ちょっとしたコツがいるが……。

ⓑカレンダー。今月と来月を横に並べることが多い。これは不便。月の続きで迷う。そこで、今月の下に来月を持ってくる。ついでに、先月・今月・来月と、3月たてにすればよい。そこで、ダンボールで、掲示板式の物を作る。これは半永久的に使える。

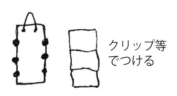

クリップ等でつける

ⓒ薬のびん・ジャムなどのびん・その他堅くて重い容器
は、中にサイコロを入れて使う。迷った時などサイコロ
できめる。また子ども同志の争いをサイコロでさばく。

　また、前の章で紹介した、ドングリややじろべいコマ
の台、さらに一般のコマ２つで、けんかゴマ
近づけて、どっちが勝つか。とにかく、
ちょっとした楽しい利用を工夫したい。

ⓓ鍵・財布・カードケースなどの鎖を作ろう。

　　堅ストロー　　　　　と、ゼムクリップで　　　　。
クリップの両端が少しはみ出すように、
これをつないで、安全ピンをつける。
老人の杖につけるなど、広用・利用は工夫次第……。

ⓔ　　　２重箱で、箱と箱のすきまにたて長の紙を入れ、
メモをかいておく。家族の連絡メモにも使える。５か所
いれるところがあるので便利。

おわりの章

　発明・発見といえば、高度な学問・技術の上に成り立っているはず。しかし、最高の発明品は、はさみではないか。

　はさみは、いつどのように作り出されたかは不明だ。しかし順序としては、

・ナイフ状のもの　　　　　から、刃2つのはさみへ

・刃2つのはさみ　　　　から、現在のはさみへ

　どちらも、立派な発明といえる。そして、昔も現代も、はさみは世界中の人が使っている。そして未来も使われると予想してよい。

　手作りの工作では、このはさみが基本的道具。はさみなしでは、何も作れない。

　手作り工作とは、目新しいことではない。

・昔からの道具にたよる「やぼったい」仕事。

・やぼったさが大切で、それがまた魅力。

・「かっこいい」を捨てよう。

　「やぼったさ」の次に大切なのは“物”。つまり、道具・材料。ことに、ありふれた物が大切。「これで何か」「これから何を」「これがダメなら、あれならば」「ちょっと待て、捨てるなよ」文房具屋・100円ショップ・ホームセンターで。さらに遊園地・○○園・○○館などで。

　“物は、作るヒントをくれる神様”と思うべし。3つ

目に大切なのは、「教えてもらう」はダメ。

"盗みとる""かちとる"が大切。もらうとは、物を……なのだ。しかし、それがいつのまにか、遊んでもらうが巾をきかせるようになった。ただし、大人には使わない。お坊ちゃま・お嬢様に使われるはずが、一般化したようだ。そして、現代では、勉強を教えてもらうが巾をきかせる。つまり、よい学歴を求めて、先生に教えてもらうが、当り前になったのだ。

たとえば、第3章の「鼻で花を、咲かせよう」を見て、「おっとおもしろい」「いっちょまねてみるか」「紙・はさみ・セロテープだけなら」が大切。一歩踏み出るでなければ不可。工作とは、自分の手でするもの。知識ではない。これを忘れないで。

さらに、4つ目に大切なのは、創意工夫だ。これには誤解がある。工夫とは、考えること。つまり頭の中でと思う。しかしこれはダメ。工夫とは手でするもの。たとえば、折紙でいろいろきれいな物を作る。そのうちに、材料を変えてみたくなる。"キラキラ光る"プラスチックテープで何か作ってみたくなる。そこが、工夫の出発点。材料や道具の工夫は、頭で考える物ではない。手・目・耳・口・足‥‥全身の活動で生み出すものだ。頭はバカでもさしつかえなし。頭の利口を使うのは、いわゆる先生（学校の先生・政治家・医者・弁護士・文筆家など‥‥）や、研究者・学者などのすることだ。

著者のプロフィール

山崎俊男 やまざきとしお

昭和6年2月2日生。

学歴、職歴等は省略（先入観を捨ててほしい）。

現在、保育園・幼稚園・学童保育等で、手作りおもちゃの指導などをしていた（したがって、この本は実践に基づいてできた本です）。平成28年7月1日没。

著　書

『騒がしい教室の教育学』（新光閣書店）

『一年生の教育学―たしかな指導のために―』（新光閣書店）

『子どもの勉強と学習塾の選び方』（新光閣書店）

『小学校学級担任の当たり・はずれ』（新光閣書店）

『一年生の教育』（発行：湘南社、発売：星雲社）

『算数・数学の勉強』（発行：湘南社、発売：星雲社）

『手作り工作の本』出版にあたって

　この本は、筆者が原稿を書き上げた後に、病気のため亡くなりました。その後、校正をして完成させました。最後の確認を本人が出来なかったため、分かりにくいところもあるかもしれませんが、筆者の工作に対する想いを感じていただき、いくつかでも作って楽しんでいただけたら幸いです。

　また、湘南社様には大変お世話になり、校正には筆者が信頼していたご友人の方々に、多大なご協力をいただきました。本当にありがとうございました。

令和元年5月　遺族より

『手作り工作の本』　　　　　　　　定価：1000円＋税

発　行	2019年7月1日　第一版発行
著　者	山崎俊男
発行者	田中康俊
発行所	株式会社　湘南社　http://shonansya.com
	神奈川県藤沢市片瀬海岸3－24－10－108
	TEL 0466－26－0068
発売所	株式会社　星雲社
	東京都文京区水道1－3－20
	TEL 03－3868－3275
印刷所	モリモト印刷株式会社

©Yamazaki Toshio 2019,Printed in Japan
ISBN978-4-434-26250-0　C0037